Buchstabenstickerei

ECON Ratgeber
Hobby

Ingrid Wegmann-Mudlack

Buchstaben-stickerei

Stoffe, Garne, Stiche und Motive

ETB
ECON Taschenbuch Verlag

CIP-Kurztitelaufnahme der Deutschen Bibliothek

Wegmann-Mudlack, Ingrid:
Buchstabenstickerei: Stoffe, Garne, Stiche u. Motive / Ingrid Wegmann-Mudlack.
Orig.-Ausg. – Düsseldorf: ECON Taschenbuch Verlag, 1987.
(ETB 20228; ECON Ratgeber: Hobby)
ISBN 3-612-20228-6

Originalausgabe

Februar 1987
Umschlagentwurf: Ludwig Kaiser
Titelfoto: Photo-Design-Studio Gerhard Burock
Zeichnungen: Brigitte Braun

Satz: Dörlemann-Satz, Lemförde
Druck und Bindearbeiten: Ebner Ulm
Printed in Germany
ISBN 3-612-20228-6

Inhalt

Geschichte der Stickerei

Allgemeine Entwicklungsgeschichte

Die Stickerei entwickelte sich höchstwahrscheinlich aus der Notwendigkeit, zwei oder mehr Stoffteile zusammenzufügen, also aus dem Zusammennähen von Bekleidungsstücken.
War zunächst nur der Zweck ausschlaggebend, so erkannte man schon bald die dekorativen Möglichkeiten der Ausführung. Neben die hübsche Naht- oder Saumgestaltung traten die reinen Zierstiche in Form von Borten oder Ornamenten. Sie wurden mündlich überliefert, später auch auf Stickmustertüchern oder in Musterbüchern an die folgenden Generationen weitergegeben.
Je nach Ursprungsland und -zeit waren verschiedene Materialien üblich. So wissen wir aus Skandinavien und der Mongolei von Stickereien auf Wollstoffen in der Bronzezeit, von Arbeiten auf Leinen in Ägypten im 14.–11. Jahrhundert v. Chr. und von Arbeiten auf Seide im 11. Jahrhundert n. Chr. aus Byzanz und Italien. Erst aus dem 17. und 18. Jahrhundert kennen wir auch Arbeiten auf Baumwolle. Als Stickfäden dienten – jeweils dem Grundstoff entsprechend – Wolle und Leinen, auch Seide sowie Metallfäden (Goldstickerei).
Ebenso vielfältig wie die Materialien waren die seit Jahrhunderten bekannten Techniken; etwa die Applikation, der Kreuz- und der Plattstich sowie der Kettenstich.
Es gilt als gesichert, daß die Stickereien, die ausschließlich

schmückenden Charakter hatten, in frühchristlicher Zeit fast nur kirchliche Gewänder und Gegenstände zierten. In Deutschland wurden sakrale Gewänder etwa seit dem 11. Jahrhundert mit Stickereien versehen. Sonst konnte man diese Kunst meist nur auf der Königskleidung sehen. So war die Stickerei denn auch im Mittelalter vor allen Dingen eine Beschäftigung der höfischen Frauen und der Nonnen. In den Klöstern entstanden eine Vielzahl kunstvoller Arbeiten.
Erst im 14. Jahrhundert zeigten die Stickereien nicht mehr ausschließlich kirchliche Themen. Im 15./16. Jahrhundert entwickelte sich in der Schweiz eine Stickerei, die häuslichen Zwecken diente und vorwiegend auf Leinen mit rotem Garn ausgeführt wurde.
Später fand das Sticken auch Eingang in die sich entwickelnde Bürgerlichkeit. In den Volkstrachten erlebte die Stickkunst im 19. Jahrhundert wahre Blütezeiten. Seit Anfang des 20. Jahrhunderts verdrängte die Maschinenstickerei immer mehr die Handarbeit, jedoch findet diese heute wieder zunehmend mehr Liebhaber, die sich dieser schönen Tätigkeit widmen.

Entwicklung der Schrift

Schon vor Jahrtausenden erfanden die Menschen Bildzeichen, aus denen sich im Vorderen Orient die Buchstabenschrift entwickelte. Daraus wiederum entstand um das 9. Jahrhundert v. Chr. das *griechische Alphabet*. Diese Tatsache stellt einen wesentlichen Schritt in der Geschichte dar; denn von nun an konnte man nicht nur in verbaler Form kommunizieren, sondern auch über größere räumliche und zeitliche Entfernungen miteinander in Verbindung treten.
Das griechische Alphabet bildet die Grundlage für unsere heute noch gültige *lateinische Schrift*. Andere sich daneben entwickelnde Schriften, etwa die kyrillische, die arabische oder die Bilderschrift der Chinesen, erlangten nie die Bedeutung und Verbreitung der lateinischen Schrift. Sie wurde durch die römische Verwaltung im ganzen Imperium verbreitet und drang

mit der Ausbreitung des Christentums in alle Teile des westlichen Abendlandes vor. Sie wurde seit ihrer Erfindung inhaltlich nur unwesentlich verändert, jedoch unterlag sie stilistisch vielen Wandlungen. Dies erklärt sich nicht zuletzt aus der Tatsache, daß man auf unterschiedlichen Schriftträgern schrieb. So ist der Schreibfluß einer in Wachs geritzten oder auf Pergament geschriebenen Schrift anders als der einer in Stein gemeißelten oder mit dem Pinsel geschriebenen Schrift.
Deshalb war auch die am Anfang stehende *Kapitalis* aus dem 6. Jahrhundert v. Chr. eine einfache, geometrisch aufgebaute Schrift mit ausschließlich großen Buchstaben. Als man anfing, auf Papyrus oder Pergament zu schreiben, wurden viele Geraden zu Rundungen. Im 3. Jahrhundert v. Chr. finden wir die erste Entwicklung zu einer Schrift mit kleinen Buchstaben und erste Ansätze von Unter- und Oberlängen.
Über viele, zum Teil parallel verlaufende Entwicklungsschritte wird dann die karolingische *Minuskel* aus dem 8. Jahrhundert n. Chr. bestimmend. Daraus entwickelten sich alle weiteren Schriftformen des Abendlandes: die gebrochenen, *gotisch* genannten Schriften und ihre Nachfolger, zum Beispiel die *Schwabacher;* aber auch die verschiedenen Schreibschriften und die zur Weltschrift gewordene *Antiqua.* Diese entstand in Italien, da die Schwabacher – stark im deutschen Sprachraum verbreitet und den Vorstellungen des Mittelalters entsprechend – für die romanische Sprache nicht flüssig genug war. Ihre endgültige Ausprägung erhielt die Antiqua im 15. Jahrhundert, nach Erfindung der Buchdruckkunst mit beweglichen Lettern. Wohl aus diesem Grund ist sie bei uns auch als Druckschrift bekannt – im Gegensatz zu den individuell ausgeprägten Schreibschriften.
Die letzte bedeutende Entwicklung war die im 18. Jahrhundert entstandene *deutsche Schreibschrift;* sie wurde bis zur Mitte unseres Jahrhunderts gelehrt, ist aber inzwischen von der *lateinischen Schreibschrift* völlig verdrängt worden. Die in der jüngsten Vergangenheit entstandenen Schriftentwicklungen beruhen auf neuen Anforderungen, zum Beispiel der Lesbarkeit von Computern.

Entwicklung der Buchstabenstickerei

In der darstellenden Kunst wurden immer wieder Schrift und Bild miteinander verbunden. Oft diente eines zur Erklärung des anderen, was um so wichtiger war, als in früheren Zeiten die Kunst des Lesens noch nicht von allen Menschen beherrscht wurde. So finden sich auf Altardecken und Wandteppichen des Mittelalters häufig gestickte Spruchbänder, dem Bild entsprechend mit religiösem Inhalt. Zunehmend entwikkelten sich aber Gegenstände für den häuslichen Gebrauch, etwa Prunk- und Paradehandtücher, Vorläufer der Überhandtücher. Vor allem aus dem 18. Jahrhundert sind uns solche Arbeiten mit gestickten Sprüchen erhalten geblieben.
Obwohl im Barock weitgehend auf die Schrift verzichtet wurde, übten doch die meist rot-weißen Altartücher mit Schriftzügen einen gewissen Einfluß auf die Heimtextilien der damaligen Zeit aus.
Im Biedermeier setzte sich dann der Kreuzstich und die Petit-Point-Stickerei durch. Man bestickte Buchzeichen, Brillenetuis, Taschen und Beutel. Überhäufte man danach auch noch Stühle und Teppiche mit Kreuzstichen, so wandte man sich etwa ab 1870 den Textilarbeiten der Renaissance zu. Die Modellzeitungen dieser Zeit zeigten wieder Muster altdeutscher Leinenstikkerei, und in den Wohnungen waren Tischdecken, Läufer, Servietten und Überhandtücher mit Sprüchen selbstverständlich. Zumindest mit Namen oder Jahreszahlen wurden die Textilien gekennzeichnet.
Besonders liebevoll wurde die gestickte Schrift, wie sie in den Städten im 15.–17. Jahrhundert üblich war, in der Volkskunst weitergepflegt. Vorrangstellung nahmen dabei die Siebenbürger Sachsen ein, die Buchstaben in lateinischer Schreibschrift zwischen schwungvolle Ranken und Blütenornamente setzten.

Überhandtuch mit Spruch – doppelseitiger Schlingstich (Bild rechts oben)
Schrankborten mit Sprüchen – Kreuzsticharbeit (Bild rechts unten)

Gottes
Güte.

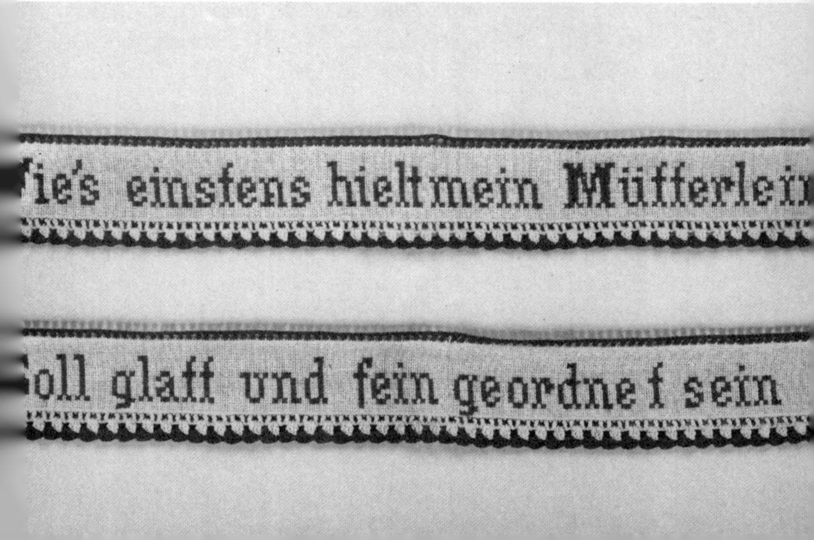
ie's einstens hielt mein Mütterlein
oll glatt und fein geordnet sein

Nur für Leichenlaken wählte man die steifere Antiqua und stickte sie ausschließlich in Blau und Schwarz.
Im letzten Drittel des 19. Jahrhunderts wurde die Schrift wieder in Schriftbändern gestickt, die sich in die bildliche Darstellung eingliederten. Zuweilen wurden die Schriftzüge auch so zwischen Borten angeordnet, daß sie selbst zu einem ornamentalen Element wurden.
Gegen Ende des Jahrhunderts kehrte man wieder von der Renaissance ab, wenn auch vereinzelt am Bekannten festgehalten wurde.
Im Jugendstil wurde die Schrift zu einem absolut eigenständigen Element. Streng gestaltete Buchstaben traten plastisch in den Mittelpunkt gestickter Behänge, umgeben von floralen oder figürlichen Mustern. Jetzt begann man auch vielfarbig zu sticken; gab es doch bis dahin nur rotes und blaues Garn, das waschecht war.
In den 30er und 40er Jahren dieses Jahrhunderts wurden Volkskunststickereien wieder modern, die zuweilen grob und sehr bunt waren. Der Plattstich verlor dabei zunehmend an Bedeutung.
Obwohl in den folgenden Jahren die Maschinenstickerei die Handarbeit stark in den Hintergrund schob, erkennt man heute ein wiedererwachtes Interesse. In den letzten Jahren gewinnen alle alten Sticktechniken neue Bedeutung. Dies erklärt letztlich den Grund dieses Buches.

Überlieferung und Ausbildung im textilen Bereich

Die Herstellung von zweckmäßigen und schmückenden Textilien stellte im Altertum eine Beschäftigung dar, die von Frauen und Männern ausgeführt wurde. Es ist anzunehmen, daß die Kinder durch Nachahmung der Eltern lernten; die Techniken wurden von Generation zu Generation weitergegeben.
Nach der Ausbreitung des Christentums wurden Handarbeiten als Unterricht an den Klosterschulen gelehrt, die zunächst nur von Adligen, später auch von reichen Bürgertöchtern

besucht wurden. Diese gaben ihre Kenntnisse an die Dienerschaft weiter, von wo aus sie zum einfachen Volk gelangten. Dort wurden die feinen Handfertigkeiten nur zum Teil gepflegt – bestand da doch mehr die Notwendigkeit, Techniken zu beherrschen, die der Eigenbedarfdeckung dienten. Dazu zählten neben der Erzeugung des Rohmaterials (Wolle, Leinen) das Spinnen, Weben und Nähen.
Im späten Mittelalter erfolgte eine erste Trennung zwischen der geschlossenen Hauswirtschaft, die alle notwendigen Güter selbst herstellte, und handwerksmäßig erzeugten Waren. So erlernten die Kinder viele Techniken nicht mehr von ihren Eltern, und es blieb dem Zufall überlassen, ob eine kundige Frau ihre Fertigkeiten weitergab – vornehmlich an die Mädchen. Diese Art des Unterrichts fand sehr unregelmäßig, auf dem Lande ohnehin nur im Winter, statt. Die Eltern bestimmten zudem Art und Umfang des Unterrichts.
Die im 16. Jahrhundert gegründeten öffentlichen Schulen nahmen die Textilarbeit nicht in ihre Lehrpläne auf. Ansätze, einen diesbezüglichen Unterricht zu erteilen, erstickten während der Wirren des Dreißigjährigen Krieges.
Im 18. Jahrhundert entstanden Industrieschulen. Dort ging es aber weniger um die Ausbildung der Kinder, als vielmehr um deren Einsatz als kostenlose Arbeitskräfte.
Erst im Jahre 1873 wurde die Mädchenhandarbeit als ordentliches Unterrichtsfach an den Volksschulen eingeführt. Den Unterricht erteilte die Frau des Lehrers oder die des Pfarrers ohne besondere Ausbildung. So war von den Kenntnissen dieser Frauen abhängig, was gelehrt wurde, oft nicht mehr als das Stricken von Strümpfen. Das Häkeln galt als Luxusarbeit, Näh- und Stickarbeiten standen nur soweit auf dem Lehrplan, wie sie im Hinblick auf die spätere Haushaltsführung für nützlich gehalten wurden.
Allmählich fanden aber weitere Techniken Eingang in den verbindlichen Unterrichtsstoff. Nach dem Stricken lernten die Mädchen nähen und flicken, auch Häkelarbeiten setzten sich durch. Für das Wäschezeichnen wurde ein Übungstuch angefertigt. Auf diesem zunächst von Erwachsenen benutzten Stick-

Mustertuch mit Kreuzstichalphabet

musterbuch wurden Schriftproben und Motive als Gedächtnisstütze »notiert«. An manchen Schulen wurde solch ein Mustertuch sowohl mit Kreuzstichen als auch eines mit unterlegten Plattstichen gearbeitet.

Der Schulunterricht blieb lange Zeit konventionell, allerdings kam immer stärker auch die Arbeit an der Nähmaschine hinzu. Deshalb sprach man nicht mehr von Hand-, sondern von Nadelarbeiten. Die Buchstabenstickerei und auch andere sehr zeitaufwendige Techniken traten in den Hintergrund.

In den sechziger Jahren unseres Jahrhunderts reformierte man das Fach Nadelarbeit und unterrichtete nun »Textiles Gestalten«. Im Vordergrund sollten eigene Entwürfe und freies Arbeiten, nicht mehr das ausschließliche Erlernen festgelegter Techniken stehen. Der Unterricht wurde in aller Regel nur den

Mustertuch mit Monogramm und Jahreszahl – Kreuzsticharbeit

Mädchen erteilt, die Buben hatten zur gleichen Zeit »Werken«. Heute werden Jungen und Mädchen gemeinsam sowohl in textilen Techniken als auch im Umgang mit Holz und Metall ausgebildet. Diese größere Stoffülle steht aber einer gleich gebliebenen Anzahl von Unterrichtsstunden gegenüber. So wählt man exemplarisch eine Reihe beispielhafter Techniken aus. Für den textilen Bereich bedeutet dies: Nur noch die Grundbegriffe des Häkelns und Strickens, einige wenige Stickstiche und das Nähen mit der Maschine werden erlernt. Für alle Arbeiten, die mehr Übung und Geduld erfordern, fehlt die Zeit. Obwohl heute auch alle Jungen den Umgang mit Nadel und Faden kennenlernen, bringen fast immer die Mädchen diesem Bereich mehr Interesse entgegen. Sie sind auch die

gegenwärtigen und zukünftigen Kundinnen der wie Pilze aus dem Boden wachsenden Handarbeitsgeschäfte. Leider fehlen ihnen oft grundlegende Kenntnisse, um verstärkt eigene Ideen durchsetzen zu können.
Nicht zuletzt aus diesem Grund wird der Handarbeit weiterhin vorgehalten, nicht künstlerisch genug zu sein. Andererseits erscheint sie den Kritikern – gerade in unserer Zeit – zu ungeistig und zu wenig an den technischen Möglichkeiten orientiert. Allerdings können nur durch den verstärkten Umgang mit ihr neue Möglichkeiten gefunden werden. Wenn wir aus der Tradition schöpfend zeitgemäße Wege gehen, ist zu hoffen, daß der Wert der Handarbeit wieder als Kulturgut anerkannt wird. Dieses gilt es zu pflegen, damit nachfolgende Generationen sich an Arbeiten aus unserer Zeit ebenso erfreuen können, wie wir dies tun, wenn wir alte Stickmustertücher, Altardecken und Wandbehänge bewundern.

Die Nadelarbeit im gesellschaftlichen Wandel

Während edle Handarbeit den höheren Ständen als Ersatz für Arbeit oder andere nutzbringende Beschäftigungen diente, wurden bereits im Mittelalter Stickereien gewerbsmäßig hergestellt. In den Kunststickereiwerkstätten Berlins arbeiteten bis etwa 1830 Männer an den Stickrahmen; Abnehmer bzw. Auftraggeber waren das Militär, Kirchen und Vereine. Ausgeführt wurden vorwiegend Gold-, Siber- und Seidenstickereien. Die Maschinenstickerei war ohnehin ein überwiegend männlicher Beruf. Dagegen war die häusliche Stickerei für den eigenen Bedarf schon zeitig zur ausschließlichen Sache der Frau geworden.
Jahrhundertelang wurde die Aussteuerwäsche gestickt. Dies tat man unter anderem, um das Auffinden der eigenen Wäschestücke auf der gemeinsamen Bleiche zu erleichtern. Die Aussteuer hatte für unsere Begriffe enormen Umfang. Noch zu Beginn dieses Jahrhunderts empfahl eine Frauenzeitschrift der Braut allein an Leibwäsche rund 13 Dutzend Teile, dazu etwa

20 verschiedene Tischdecken mit passenden Servietten, mehr als 20 verschiedene Garnituren Bettwäsche und nochmals 5 Dutzend unterschiedliche Hand- und Geschirrtücher. Rechnet man dann noch die diversen Staub-, Spül- und Waschlappen dazu, ist es eine für uns nicht vorstellbare Arbeit, alle diese Teile mit dem Monogramm, zuweilen sogar dem ganzen Namenszug der Besitzerin zu kennzeichnen. So stickte daran nicht nur die Braut selbst, sondern auch ihre Mutter, die Schwestern und Dienstmädchen. Im Großhaushalt wurde sie von Weißnäherinnen und Stickerinnen unterstützt, die ebenso wie die Waschfrau und die Schneiderin ins Haus kamen.
War nach der sakralen Stickerei diese Arbeit im Haushalt auf das Notwendige, nämlich die Kennzeichnung der Wäschestükke beschränkt, so blieb der Hausfrau im Laufe des 19. Jahrhunderts Zeit für die Stickerei von allerlei Zierrat. Das erklärt sich zum einen aus der Tatsache, daß die Frau durch die Trennung von Arbeitsplatz und Wohnung nicht mehr im gewerblichen Betrieb mitarbeiten mußte. Zum anderen wurden viele Arbeiten, die bis dahin noch im Haushalt geleistet wurden, nach außen verlagert. So wurde auch die Stickerei der Aussteuer allmählich zunächst von reichen Familien in den Großstädten an Wäschegeschäfte vergeben. Diese lieferten noch Handstickereien, die häufig von Heimarbeiterinnen hergestellt wurden. Das gewerbliche Sticken ermöglichte es den Frauen höherer Stände, ein Taschengeld zu verdienen. Witwen und Waisen besserten so ihre kleinen Pensionen auf und wahrten dennoch den Schein – konnte doch die Stickerei für den eigenen Bedarf sein.
1907 betrug der Stundenlohn für diese Arbeit 15 Pfennige. Großbetriebe hatten oft schon ihre eigenen Arbeitssäle; hier erhielten die Stickerinnen einen etwas höheren Lohn und eine minimale soziale Sicherung.
Schon 1829 war die erste Stickmaschine erfunden worden, und so verdrängte die Maschinenarbeit die immer teurer werdende Handarbeit. Heute kommen handgestickte Texilien fast nur noch aus dem fernen Ausland, wo die Löhne für die zeitaufwendigen Arbeiten noch wesentlich unter unserem Lohn-

niveau liegen. Dennoch war es bis zum Zweiten Weltkrieg üblich, seine Aussteuerwäsche zu sticken oder sticken zu lassen.
Erst die Kriegsjahre, in denen es Wäsche und Kleidung nur auf entsprechende Zuteilungskarten hin gab, ließen es nicht mehr zu, an Aussteuer, geschweige denn an gestickte Wäsche zu denken. Viele verloren durch Flucht und Vertreibung alles; anderen dienten Teile des noch vorhandenen Wäscheschatzes als Tauschobjekt für noch dringender benötigte Ware.
In den ersten Nachkriegsjahren erhielt man Textilien nur noch auf Bezugsscheine. In dieser Zeit war es unumgänglich, aus der Not eine Tugend zu machen. Wer mit Nadel und Faden umgehen konnte, machte aus alt neu und aus nichts alles. So wurden aus alten Uniformteilen neue Bekleidungsstücke, aus alten Pullovern neue Strümpfe. War die Herstellung von Bekleidung lebenswichtig, so ließen die Beseitigung von Trümmern und die zunehmende Berufstätigkeit von Frauen keinen Raum, an zeitaufwendige Stickarbeiten zu denken. Und überhaupt gehörten einige Dinge nicht mehr in die veränderte Welt. Das Überhandtuch mit dem markigen Spruch mußte genauso weichen wie die Schondecken auf dem Sofa.
Der Wiederaufbau der Wirtschaft und der zunehmende amerikanische Einfluß brachten viele Neuerungen mit sich. Die Kunstfasern drängten auf den Markt; die Wäsche wurde bunt, Farben und Formen wechselten schneller als ehedem. Der Nachholbedarf war groß, und so florierte der Handel mit den schnellebigen Textilien, auf denen es sich nicht mehr lohnte, Monogramme oder andere Stickereien zu fertigen. Es entsprach wohl auch nicht mehr dem Selbstverständnis der Frauen, Stunde um Stunde stickend zu verbringen. Auto und Fernsehen brachten neue Möglichkeiten der Freizeitgestaltung mit sich. Die Handarbeit hatte einen etwas staubigen Geruch und paßte nicht mehr in abwaschbare Kunststoffküchen und pflegeleichte Schlafzimmer.
In den letzten Jahren ist aber, vielleicht ausgelöst durch eine allgemeine Nostalgiewelle, ein verstärktes Interesse an geschmackvollen Handarbeiten zu erkennen. Auch edle Materia-

lien, wie Seide und Leinen, erleben eine Renaissance. Zu befürchten ist allerdings, daß die hohen Materialkosten die Handarbeit wieder zu einer Beschäftigung derer werden lassen könnten, die es sich einfach leisten können.

Von der Theorie zur Praxis

Stickvorlagen einst und heute

Schon in der Mitte des vorigen Jahrhunderts nannten Kritiker die Handarbeit »nutzlos und stupide«; ja man befürchtete sogar eine Verödung von Herz und Geist, hervorgerufen durch das mechanische Nachsticken toter Vorlagen. Man bemängelte es, daß die Stickereien weder die Schönheit von Gemälden noch nützliche Gegenstände hervorbringen könnten.
Daran änderte sich auch nichts durch die Bemühungen während der Zeit des Jugendstils, die Handarbeit nicht mehr nur als mechanischen Vorgang, sondern als künstlerische Arbeit anzusehen. Es sollten nicht mehr nur überlieferte Motive nachgestickt, sondern Muster und Vorlagen aus zeitgenössischer kunstgeschichtlicher Literatur entlehnt und in eigene Gestaltungsarbeit umgesetzt werden. Dies gelang aber nur vereinzelt. Zu tief saßen Unsicherheit einerseits und Tradition andererseits, als daß nicht überwiegend bekannte Muster und vorgezeichnete Motive weiterhin als Vorlage gedient hätten. Die Stickereien auf Wandbehängen und Schondecken entsprachen dem Empfinden des damaligen Bürgertums; die Entwürfe hat-

Kopfkissen mit Monogrammen in Hoch- bzw. Lochstickerei (Bild rechts oben)
Überhandtuch mit Spruch – unterlegter Plattstich (Bild rechts unten)

MRS

Morgen

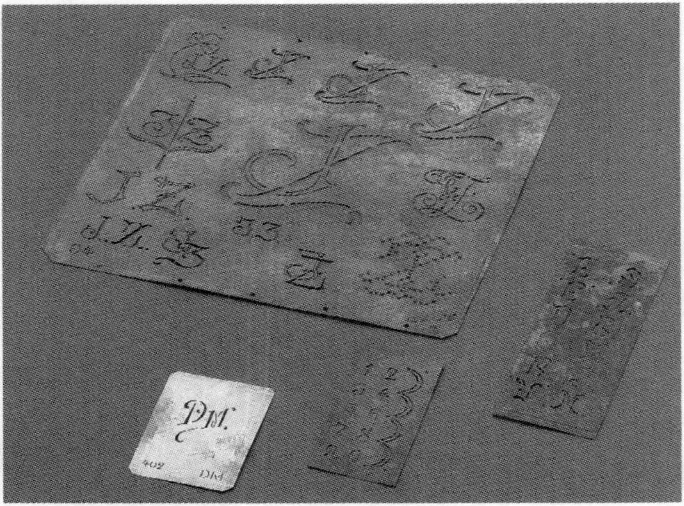

Schablonen für Monogrammstickerei

ten selten künstlerischen Charakter noch entsprangen sie der Volkskunst.
Verstärkt wurde dieses Tun durch entsprechende Angebote des Handels. Schon damals boten die Geschäfte vorgezeichnete Ware an, verkauften auch angefangene Stickarbeiten. Dieser Trend wurde nicht geringer: Heute angebotene Komplettpackungen lassen immer weniger Spielraum für eigene Gestaltung.
Zunächst wurden nur nicht fadengebundene Stickereien vorgezeichnet. Aber bereits im 20. Jahrhundert begann man, auch Kreuzstichmuster mit Pausen zu übertragen. Gegenüber der Arbeit mit einem Mustertuch oder einem Zählmuster geradezu ein Frevel an der fadengebundenen Stickerei. Nachdem man die Muster anfangs mit Ölpapier übertrug, gab es später Aufplättfarbe und noch einige Zeit später fertige Aufbügelmuster als Beilagen in Handarbeitszeitschriften.
Für das Vorzeichnen von Monogrammen war lange Zeit die

Kupferschablone am gebräuchlichsten. Es gab aber auch Monogrammstempel, die – mit auswaschbarer Tinte gefüllt – als Stickvorlagen dienten.
Heute sind nach den Bügelmustern solche Vorlagen beliebt, die (möglichst in Originalgröße vorgegeben) mit Kopierpapier übertragen werden.

Eigene Entwürfe, persönliches Monogramm

Auch in diesem Buch werden Vorlagen angeboten. Schrift unterliegt aber anderen Kriterien als etwa die Gestaltung von Pflanzen, Tieren oder Gegenständen. Deshalb ist es ungleich schwieriger, Buchstaben selbst zu entwerfen als andere Motive. Besonders wenn ein ganzes Alphabet gestickt werden soll, wird es Probleme bereiten, alle Buchstaben aufeinander abzustimmen. Will man jedoch nur die Initialien für sein Monogramm oder einzelne Buchstaben sticken, so sollte man ruhig seine eigene Phantasie spielen lassen. Zumeist fehlt nur das Vertrauen in die eigenen Fähigkeiten, um die Idee in die Tat umzusetzen. Deshalb an dieser Stelle einige Hinweise, wie man zu seinem persönlichen Monogramm findet.
Sind Ihnen in irgendeiner Zeitung oder auf einer Verpackung Buchstaben begegnet, die Ihnen besonders gut gefallen haben? Besonders in älteren Büchern steht am Beginn eines Kapitels ein auffallend schön gestalteter Buchstabe: Sticken Sie ihn nach! Vielleicht schlummert in Ihrer Familie noch ein Wäschestück, das mit einem Monogramm bestickt ist, oder stöbern Sie auf Flohmärkten nach solchen Musterstücken.
Haben Sie zur Taufe oder Konfirmation ein Besteck mit Ihren Buchstaben geschenkt bekommen? Benutzen Sie es als Stickvorlage! Lassen Sie Ihre Kinder, wenn es um deren Kleidung geht, Entwürfe malen – sie haben oft verblüffend originelle Ideen. Legen Sie Ihre Buchstaben aus Blumen, Knöpfen, Bonbons. Malen Sie sie mit Fingern in den Sand oder mit einer Gabel in eine modellierbare Masse (hier hilft ein Fotoapparat, die Ideen festzuhalten).

Benutzen Sie nicht zuletzt Ihre eigene Handschrift. Sie müssen sich nicht mit professionellen Designern messen. Ihr eigener Entwurf drückt mit Sicherheit mehr von Ihrer Persönlichkeit aus, als dies die beste Vorlage kann.

Verwendung der Buchstabenstickerei – Beziehung von Stil und Zweck

Überall, wo Menschen mit gleichartigen Bekleidungsstücken oder Utensilien zusammenkommen, besteht die Gefahr von Verwechslungen. Das trifft in besonderem Maße auf Kindergarten oder Schule zu. Erleichtern Sie Ihren Kindern das Wiedererkennen von Turnbeuteln, Handtüchern, Mützen, Schals oder Handschuhen durch gestickte Buchstaben.
Es gibt also eine Reihe von Anwendungsmöglichkeiten, wo das Sticken des Namenszugs oder der Initialien einen praktischen Sinn haben.
Dennoch dient das Monogramm heute mehr dem Schmuck als dem Zweck. Ihr Lieblingskissen wird zu einem noch persönlicheren Stück, wenn Sie es mit Ihrem Namen bestickt haben. Der schlichte Pullover, die einfarbige Bluse bekommen durch Ihre Initialien ebenso Pfiff wir Ihr Saunamantel.
Beschenken Sie liebe Freunde mit einem Namensschild, oder verschicken Sie unverwechselbar bestickte Glückwünsche zu besonderen Anlässen. Geben Sie schlichter Bett- oder Tischwäsche mit Ihrem Monogramm einen individuellen Charakter.
Vielleicht sticken Sie ein besonders schönes Alphabet auch einfach als Wandschmuck. Sicher fallen Ihnen noch viel mehr Dinge ein, die Sie durch Ihre Arbeit zu ganz persönlichen Einzelstücken machen wollen.
Damit sich die Mühe lohnt, das Ergebnis also absolut zufriedenstellend ausfällt, sollten Sie immer versuchen, der Eigenart des Gegenstands oder seines Besitzers in der Wahl von Material, Schrifttyp und Stickart gerecht zu werden.

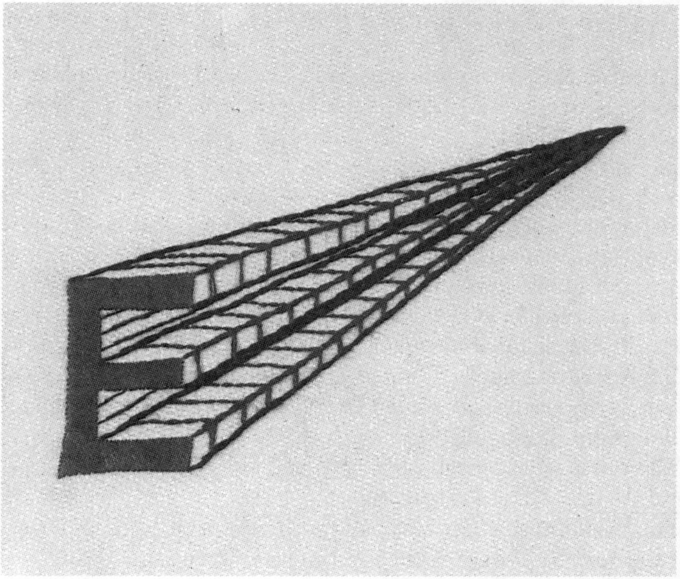

Gestaltungsidee für einen Buchstaben – Ausführung in Hochstickerei mit Stiel- und Steppstichen

Genauere Hinweise zu diesem Punkt finden Sie jeweils bei der näheren Erklärung der Arbeitstechniken. Deshalb an dieser Stelle nur einige allgemeine Feststellungen:
Fadengebundene Stickarbeiten verlangen dadurch, daß sie auf zählbarem Gewebe gearbeitet werden, einen etwas gröberen Stoff. Das verleiht den Buchstaben zum einen eine kantigere Linienführung, zum anderen wird die Wirkung eher rustikal als zart sein.
Edel wird der Ausdruck von feiner Hochstickerei auf zartem Batist, elegant der von Goldstickerei auf Seide sein. Beide Arbeiten eignen sich aber nicht für den Turnbeutel der Kinder. Dieser verlangt eher ein robustes Material, vielleicht Jeansstoff, auf dem eine fröhliche Applikation am besten die Eigenart des Besitzers unterstreichen kann.

Stoffe, Garne, Stiche, Hilfsmittel

Grundsätzlich kann man auf allen textilen Geweben sticken, wenn Stickmaterial und Stickstich zum Grundgewebe passen. Dabei muß beachtet werden, daß die gewählten Stickstiche zuweilen besondere Materialeigenarten verlangen, um ihre volle Wirkung zu entfalten.

Die Übergänge sind fließend, da eine Reihe von Stichen sowohl auf dem einen wie auf dem anderen Stoff ausgeführt werden können. Darüber hinaus unterscheidet man Stickarbeiten nach dem verwendeten Stich (Kreuzsticharbeiten), nach dem Material, mit oder auf dem gearbeitet wird (Goldstickerei, Tüllstickerei), oder nach der entstehenden Wirkung (Durchbruchstickerei). Auch haben Landschaften oder Persönlichkeiten bestimmten Stickarten ihren Namen gegeben.

Beginnen wir bei der Gruppe der fadengebundenen Stickereien.

Die bekanntesten der hier verwendeten Stiche sind der *Kreuzstich,* der *Strich- oder Holbeinstich* und der *Sternstich.*

Wenn man diese Stiche auch mit Hilfe einer aufgehefteten Bügelpause oder Stramin auf nicht zählbarem Gewebe arbeiten kann, so verlieren sie doch meiner Meinung nach dadurch an Schönheit. Man verwendet deshalb am besten einen der klassischen Handarbeitsstoffe: zählbares Leinen, Hardanger- oder Schülertuch; Aidastoff oder Stramin kommen ebenfalls in Frage.

In der Regel stickt man mit Perlstickgarn, erhältlich in verschiedenen Stärken, mit Mattstickgarn oder mit Sticktwist, der wegen seiner Teilbarkeit in 6 einzelne Fäden jeder Materialstärke angepaßt werden kann.

Auf Stramin arbeitet man meistens mit Stickwolle und erreicht damit eine flächendeckende Wirkung. Gearbeitet wird mit einer stumpfen Sticknadel.

Ebenfalls mit einer stumpfen Sticknadel und vorwiegend mit Matt- oder Vierfachstickgarn arbeitet man Durchbruchstickereien, wie Hohlsaumarbeiten oder Ajourstickereien. Werden bei Hohlsaumarbeiten Fäden ausgezogen, so zieht man sie bei

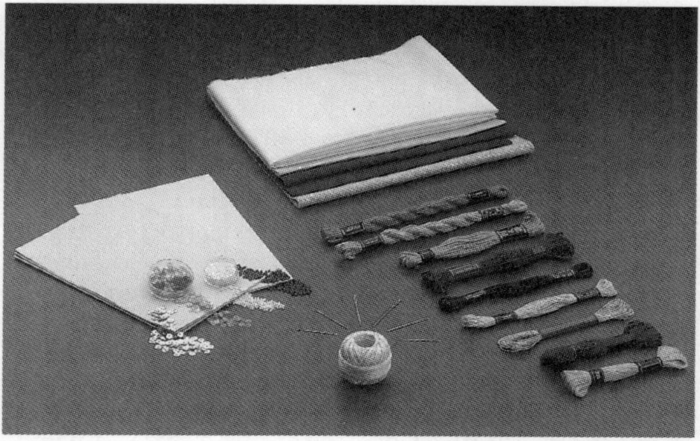

Stoffe, Garne, Nadeln; Schneiderkopierpapier und Pailletten

Ajourarbeiten nur zusammen. Beide Techniken erfordern zählbares Gewebe; besonders schön wirken sie auf Siebleinen.
Es folgt die große Gruppe der Stickarbeiten, die im klassischen Sinne unter dem Begriff der Weißstickerei zusammengefaßt werden. Da aber die Arbeiten nicht mehr nur ausschließlich mit weißem Garn auf weißem Grund gestickt werden, ist es heute besser, die einzelnen Untergruppen zu nennen. Dazu gehören die *Flach- und Hochstickerei,* die *Ausschnitt- und Lochstickerei* sowie die Verbindung zwischen Loch- und Hochstickerei, die unter dem Namen *Madeirastickerei* bekannt ist. Für diese genannten Techniken wird jeweils ein eng gewebtes, nicht zu dickes Material benötigt, auf dem mit spitzer Nadel und Sticktwist oder Vierfachstickgarn gearbeitet wird. Feine Baumwoll- und Leinenstoffe, Batist und Damast bieten sich zur Verwendung an.
Auf ebensolchem Stoff, aber auch auf Seide und Tuch, wirkt die Nadelmalerei. Bei dieser Arbeit greifen farblich abgestimmte Plattstiche ineinander, so daß eine sehr naturalistische Darstellung entsteht. Weil hier die Farbwahl sehr wichtig ist, verwendet man am besten ein Material, das in einer großen

Farbpalette angeboten wird, zum Beispiel Sticktwist oder dünnes Perlgarn, und wählt eine spitze Sticknadel.
Sehr dünnen und durchsichtigen Stoff, wie feinen Batist, Organdy oder Organza, braucht man für die Schattenstickerei. Hier muß das Stickgarn durch den Stoff schimmern – Vierfachstickgarn oder Sticktwist wirken deshalb am schönsten, Ton in Ton auf die Farbe des Stickgrundes abgestimmt.
Mit Seide oder Goldfäden auf Leinen, Seide oder Tuch gearbeitet, entfaltet die arabische Stickerei ihre beste Wirkung.
Die Goldstickerei hat ihren Namen nach dem verwendeten Material. Man arbeitet entweder mit mit Golddraht umsponnenen Seidenfäden oder mit sogenannter Kantille beziehungsweise Bouillon (spiralförmig gewundener Metalldraht). Man braucht wieder die spitze Nadel und einen nicht zu dünnen Grundstoff, wie Seide oder Samt, bisweilen auch Leder.

Außer dem Stoff, dem passenden Garn und der spitzen oder stumpfen Sticknadel in passender Stärke braucht man meist noch einige Hilfsmittel. So sollte die spitze Stickschere griffbereit sein; für einige Stickarbeiten ist auch ein Stickrahmen zum Spannen des Stoffes unerläßlich.
Das größte Problem stellt allerdings oft das Vergrößern oder Verkleinern oder das Übertragen des Entwurfs auf den Stoff dar. Zum *Vergrößern* oder *Verkleinern* eignet sich der sogenannte Storchschnabel, aber einfacher ist häufig die Fotokopie, die den Entwurf auf die richtige Größe bringt. Eine weitere Möglichkeit ist das Verändern der Größe mit Hilfe eines Rasters. Man zeichnet beispielsweise über den Entwurf Quadrate, und auf ein 2. Blatt zeichnet man ebenfalls Quadrate – allerdings kleinere oder größere als auf dem Entwurf. Anschließend überträgt man alle wichtigen Punkte entsprechend dem Entwurf. Die verbindenden Linien müssen dann frei übertragen werden. Der wunschgemäß große Entwurf wird schließlich mit Schneiderkopierpapier auf den Stoff übertragen. Bei dünnen Stoffen kann man den Entwurf manchmal unter den Stoff heften und die Konturen mit leichten Bleistiftstrichen oder Heftstichen nachziehen.

Applikation

Wirkung und Einsatzmöglichkeiten

Die Applikation, Aufnäharbeit oder Auflagestickerei gehört zu den ältesten und einfachsten bekannten Techniken. Man unterscheidet 2 verschiedene Arbeitsweisen: Am gebräuchlichsten ist das Aufnähen oder Aufsticken von Motiven, die sich entweder in Farbe und/oder Material vom Grundstoff unterscheiden. Die andere Möglichkeit besteht darin, einen 2. Stoff unter den Grundstoff zu heften. Die Konturen der bei dieser Arbeitsweise vorzugsweise zusammenhängenden Motive werden durch beide Stofflagen dicht nachgestickt. Der Oberstoff wird dann eng an den Sticklinien entlang zwischen den Motiven ausgeschnitten.

Applikation mit Schlingstichen – Linien im Stielstich

Schürze mit Applikation – Befestigung mit Schlingstichen

Diese 2. Applikationstechnik ist aufwendiger als die zuerst beschriebene Art, da hier sehr dicht und genau gestickt und geschnitten werden muß.
Die Wahl der Arbeitsweise ist abhängig von der gewünschten Wirkung sowie vom Verwendungszweck und Entwurf. Bei der Applikation von Buchstaben wird man meist die einfa-

chere Methode wählen, es sei denn, man will einen zusammenhängenden Schriftzug aufbringen.
Grundsätzlich lassen sich Aufnäharbeiten überall einsetzen; man wird jedoch bei einem Gebrauchsgegenstand anderes Material verwenden, als dies bei einer Bildkomposition für einen Wandbehang möglich ist.

Musteralphabet

Entwurf und Stoffwahl

Damit unterschiedliches Material oder differenzierte Farben der Motive ihre volle Wirkung entfalten können, ist es wichtig, klare und deutliche Formen zu wählen, komplizierte Muster zu vereinfachen. Es besteht sonst leicht die Gefahr, daß die Arbeit unübersichtlich und verwirrend wirkt.

So sieht die Applikation überall da gut aus, wo eine plakative Wirkung erzielt werden soll, beispielsweise bei Kinderkleidung. Aber auch Bilder sind, wie bereits erwähnt, in der Auflagestickerei ausdrucksstark zu gestalten, wenn die Motive nicht zu winzig sind. Einzelheiten und Linien sollte man dann in zusätzlichen Stickstichen arbeiten. Will man Schrift applizieren, so darf diese ebenfalls nicht zu dünnlinig sein, sondern muß möglichst füllige Formen haben.

Für die Applikation können alle Stoffarten, aber auch Leder- oder Lackstoffe verwendet werden. Besonders geeignet sind alle fest gewebten Stoffe, deren Schnittkanten an den Motivrändern nicht so leicht ausfransen. Deshalb wird auch gerne Filz benutzt. Wichtig ist es aber, darauf zu achten, daß zumindest bei Gebrauchsgegenständen und Kleidung nur solche Stoffe zusammen verarbeitet werden, deren Pflegeeigenschaften annähernd gleich sind. Die ganze Arbeit lohnt nicht, wenn nach der ersten Wäsche einige Motive oder der Grundstoff selbst verzogen oder noch fleckig sind. Aus diesem Grund muß das Material seiner späteren Bestimmung genau angepaßt sein. Stoffe, bei denen die Gefahr des Einlaufens besteht, sollte man vor der Verarbeitung waschen.

Weiterhin sollen Grund- und Auflage- beziehungsweise Unterlagestoff immer in der gleichen Richtung des Fadenverlaufs verarbeitet werden, um ein einseitiges Verziehen der Teile zu vermeiden.

Die Auswahl des Näh- oder Stickgarns für die Befestigung ist auf Material und Technik abzustimmen. Grundsätzlich gilt die Regel: Das Garn soll in der Qualität dem Stoff entsprechen. Das heißt, Wolle eignet sich nicht zur Befestigung von Baumwollstoffen und umgekehrt. Jedoch sind fast alle Stickgarne aus

Musteralphabet

Baumwolle und können in den meisten Fällen eingesetzt werden. Ob man aber Sticktwist, Perlgarn oder sogar Nähgarn wählt, ergibt sich aus der zu erzielenden Wirkung und der deshalb anzuwendenden Stickart.

Wiederum zum Garn passend muß die Nadel gewählt werden. Meist wird es eine nicht zu große, spitze Sticknadel, manchmal auch eine Nähnadel sein. Für Arbeiten auf Leder sollte man aber immer eine Ledernadel mit dreieckiger Spitze benutzen.

Techniken der Befestigung

Ebenso vielfältig wie die Einsatzmöglichkeiten und die Verwendung unterschiedlicher Materialien sind die Techniken zur Befestigung.
Nach dem Entwurf, den man möglichst in Originalgröße zeichnet, müssen die einzelnen Teile aus dem aufzubringenden Material ausgeschnitten werden. Dazu überträgt man sie am einfachsten mit Hilfe von Schneiderkopierpapier, dünnen Kreide- oder Bleistiftlinien auf den gewählten Stoff. Achten Sie bei sich überschneidenden Motiven darauf, daß Sie von hinten nach vorne, also vom Hintergrund zum Vordergrund arbeiten.
Bei der Applikation von Buchstaben müssen Sie zusätzlich aufpassen, daß diese auf der Rückseite des Stoffes spiegelbildlich aufgezeichnet werden, damit sie auf der Vorderseite lesbar sind.
Berücksichtigen Sie ferner, ob der Stoff offenkantig aufgenäht werden kann oder ob die Kanten schmal eingeschlagen werden müssen. Entsprechend muß der Einschlag an den Motivrändern zugegeben werden. Problemlos kann man Filz, Leder und alle festen Stoffe ohne Einschlag verarbeiten. Alle locker gewebten oder sehr dünnen Stoffe säumt man lieber knapp.
Gute Dienste leistet bei der offenkantigen Arbeit der Einsatz von doppelseitigem Haftvlies. Dabei wird zunächst das Vlies unter den Motivstoff gebügelt, sodann auf dem rückwärtigen Trägerpapier die Form aufgezeichnet und ausgeschnitten. Nach dem Entfernen des Trägerpapiers kann man die einzelnen

Teile auf dem Grundstoff festbügeln. Damit entfällt das sonst notwendige Festheften. Erst dann überstickt man die Musterränder dicht mit der gewählten Stichart.
Bei allen Stichen, die mit der Hand gearbeitet werden, ist es wichtig, darauf zu achten, daß sie jeweils von oben nach unten durch beide Stofflagen gestochen werden.
Wird die fertige Arbeit später großen Belastungen ausgesetzt sein, zum Beispiel häufigem Waschen, tut man gut daran, die Befestigung mit der Maschine vorzunehmen. Dazu bieten sich ein dicht eingestellter Zickzackstich sowie diverse Ziersticke an. Die Maschinenarbeit schafft besonders haltbare Verbindungen.
Die folgenden Beschreibungen und Abbildungen zeigen die gebräuchlichsten Stiche für die Handarbeit.

Vorstich (schräg gestochen)
Arbeitsrichtung von rechts nach links.
Ausstechen, einige Gewebefäden übergehen, versetzt zur Ausstichstelle durch beide Stofflagen einstechen, einige Gewebefäden auffassen, versetzt zur Einstichstelle im Grundstoff ausstechen, ...

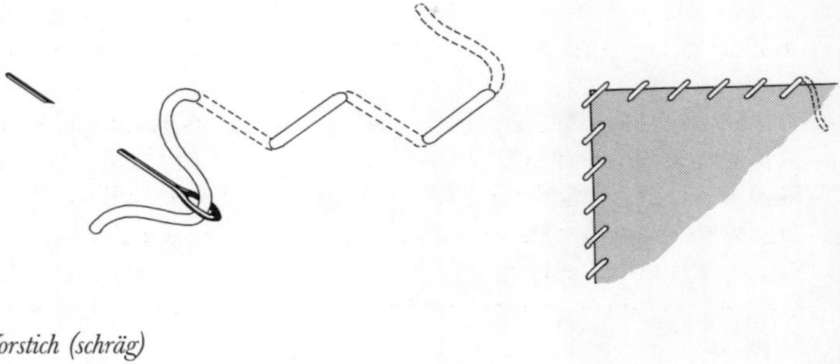

Vorstich (schräg)

Steppstich (durch beide Stofflagen gearbeitet)
Arbeitsrichtung von rechts nach links.
Ausstechen, einige Gewebefäden entgegengesetzt zur Stickrichtung übergehen, einstechen, doppelte Anzahl von Gewe-

befäden in Stickrichtung auffassen, ausstechen, entgegengesetzt zur Stickrichtung genau in die vorherige Ausstichstelle einstechen, doppelte Anzahl ...

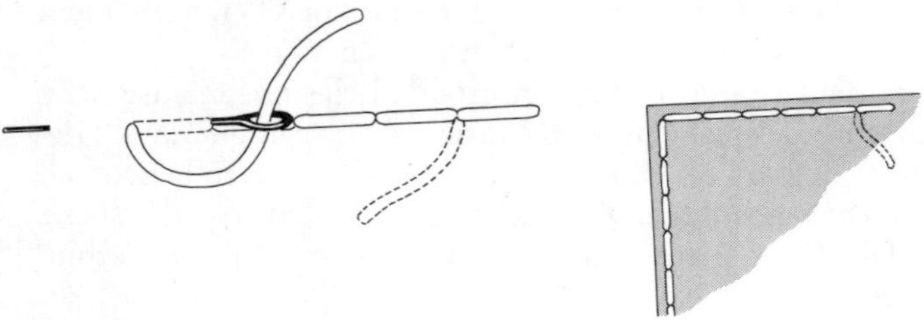

Steppstich

Maschen- oder Zickzackstich
Arbeitsrichtung von rechts nach links.
Dicht neben der doppelten Stofflage einstechen, gleiche Anzahl von Gewebefäden nach rechts und unten übergehen, in die doppelte Stofflage einstechen, doppelte Anzahl von Fäden nach links auffassen, ausstechen, nach rechts oben in die vorherige Ausstichstelle wieder einstechen, ...
Auf der Rückseite entstehen 2 Stepplinien.

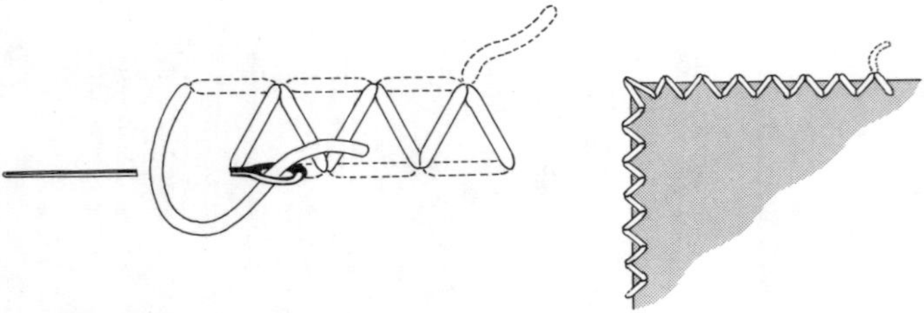

Maschenstich

Hexenstich
Arbeitsrichtung von links nach rechts.
Ausstechen, schräg versetzt nach unten und rechts einstechen, einige Gewebefäden nach links auffassen, ... (a);

ausstechen, schräg versetzt nach oben rechts einstechen, einige Gewebefäden nach links auffassen, ausstechen, . . . (b)

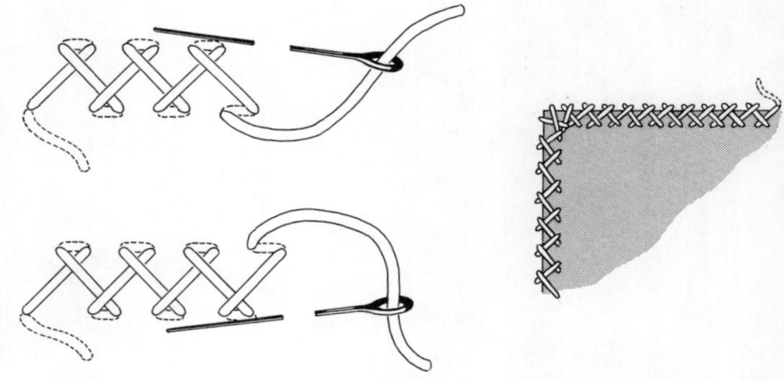

Hexenstich

Schling-, Langetten- oder Festonstich

Arbeitsrichtung von links nach rechts.

Ausstechen in der einfachen Stofflage, schräg nach oben rechts in den doppelten Stoff einstechen, senkrecht unter der Einstichstelle innerhalb der Garnschlinge ausstechen, Faden festziehen, schräg nach oben rechts einstechen, . . .

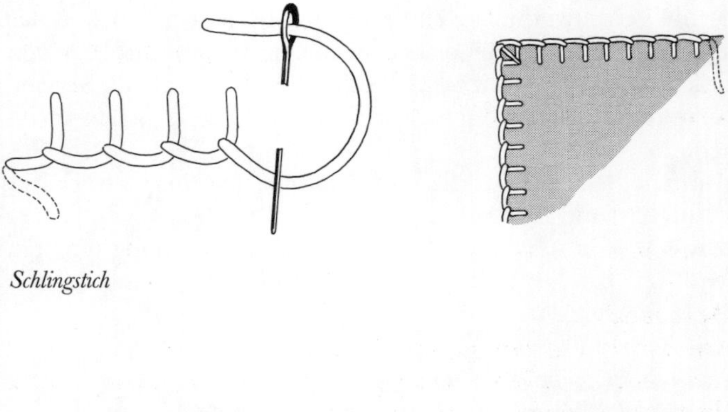

Schlingstich

Kreuzsticharbeiten

Der Kreuzstich ist einer der ältesten bekannten Stiche. Ausgrabungen beweisen seine Bekanntheit schon im alten Ägypten. Jedoch war er lange Zeit in Europa nicht gebräuchlich. Erst im 16. Jahrhundert fand er Eingang in die Volksstickerei aller europäischen Länder, und noch heute ist er typisch für volkstümliche Stickereien der Balkanländer.

Für die Monogramm- oder Buchstabenstickerei erlebte der Kreuzstich seine größte Blütezeit während des Biedermeier. Bis etwa zur Mitte des 19. Jahrhunderts wurden die Wohnungen mit allen möglichen Gegenständen in Kreuzsticharbeit geradezu überschwemmt. Zeitungen und Anleitungsbücher der damaligen Zeit brachten Muster mit Sprüchen und Motiven altdeutscher Leinenstickerei. Läufer, Überhandtücher, Servietten und so weiter waren selbstverständlich mit Sprüchen versehen.

Hübsche Beispiele aus der Zeit um 1900 sind uns als Stickmustertücher und Schrankborten erhalten geblieben. Zu dieser Zeit war es im Handarbeitsunterricht üblich, wenigstens ein

Mustertuch Kreuzstichalphabet (Bild rechts oben)
Monogrammbeispiele und Vignetten – Kreuzsticharbeit (Bild rechts unten)

1234567890

Anna
R.O.

solches Mustertuch anzufertigen. Erhalten sind auch Vorlagemappen aus dem späten 18. Jahrhundert, mehr noch solche aus dem 19. Jahrhundert.

Garn- und Stoffwahl für Kreuzsticharbeiten

Für Kreuzsticharbeiten eignen sich in erster Linie alle zählbaren Gewebe, wie Leinen- und Baumwollstoffe, aber auch Mischgewebe in Leinenbindung und Stramin.
Soll die Arbeit jedoch auf einem Material ausgeführt werden, das zu fein und daher nicht zählbar ist, oder ist der Stoff nicht in Leinenbindung gewebt, so greift man zu Hilfsmitteln. Man heftet ein entsprechend großes Stück Stramin fadengerade auf das Stickgewebe. Dann können die Stickstiche ausgezählt und gearbeitet werden. Nach Fertigstellung der Stickerei wird der Stramin vorsichtig ausgezogen. Eventuell muß man ihn vorher anfeuchten, um die Appretur aufzuweichen.
Auf zählbarem Grund arbeitet man in der Regel mit einer kurzen, stumpfen Sticknadel. Nur auf anderen Stoffen kann eine spitze Nadel angeraten sein.
Als Garn verwendet man am besten Baumwollstickgarn: Mattstickgarn, Vierfachstickgarn, Sticktwist oder Perlgarn. Sticktwist läßt sich, da er teilbar ist, jeder Stoffstärke anpassen; jedoch wirkt er zuweilen etwas »faserig«. Perlgarn läßt durch seine starke Drehung das Muster unter Umständen unruhig wirken. Der Vorteil von Sticktwist und Perlgarn gegenüber Matt- oder Vierfachstickgarn liegt vor allen Dingen in der größeren Farbenvielfalt.
In bestimmten Fällen – je nach Beschaffenheit des Stickstoffes – darf man auch Stickwolle verwenden, beispielsweise auf Stramin, wenn flächenfüllend gestickt wird. Man bedenke aber immer die besonderen Pflegeeigenschaften.

Namensschild – Kreuzsticharbeit (Bild rechts oben)
Geschirrhandtuch – Kreuzsticharbeit (Bild rechts unten)

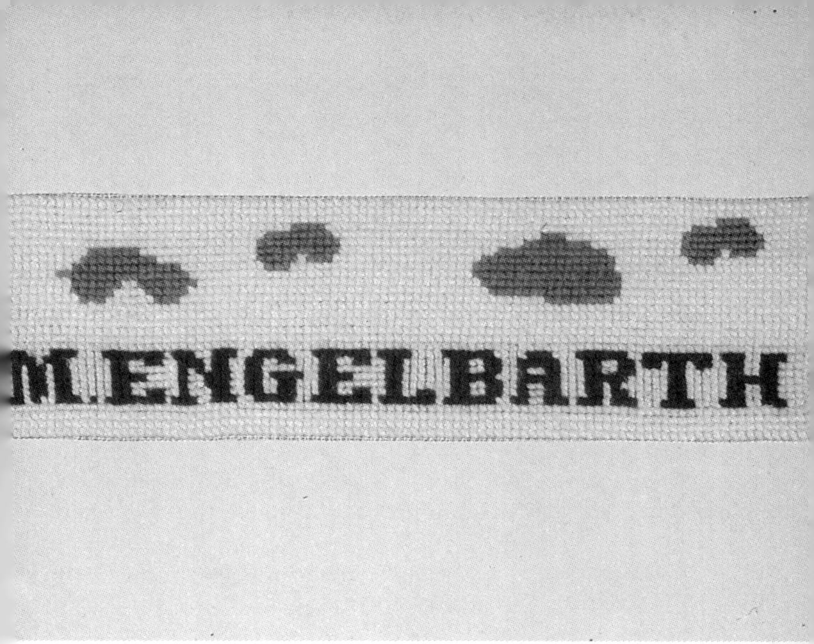
MENGELBARTH

G.L.Ä.S.E.R.

Kreuzstich – Alphabet

Kreuzstich – Stickmuster

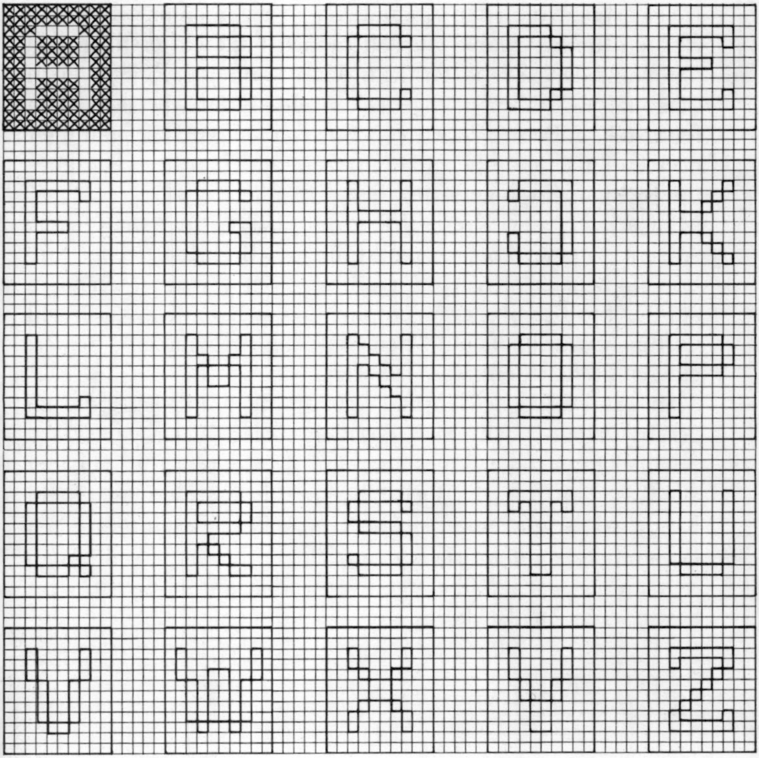

Kreuzstich – Alphabet (negativ)

Arbeitshinweise

Der Kreuzstich besteht aus zwei sich kreuzenden Schrägstichen, wobei der Unterstich von links unten nach rechts oben laufen sollte, der Deckstich entgegengesetzt. Die Richtung von Unter- und Deckstichen muß auf jeden Fall während der ganzen Arbeit beibehalten werden, um ein ordentliches Ergebnis zu erzielen.

Meist arbeitet man den Kreuzstich in waagerechten oder senkrechten Reihen. Dabei werden zunächst alle Unterstiche und dann alle Deckstiche gestickt. Man kann die Reihen auch diagonal ausführen oder jedes einzelne Kreuz für sich allein fertigstellen. Beim Sticken von Buchstaben wird dies häufiger notwendig sein, da hier die Kreuze – anders als bei Borten – unregelmäßiger angeordnet sind.
Man arbeitet den Kreuzstich grundsätzlich über die gleiche Anzahl von Gewebefäden in Höhe und Breite.
Um ein Muster oder Monogramm an der gewünschten Stelle auf den Stoff zu plazieren, empfiehlt es sich, die Gewebefäden vorher auszuzählen, und den Stoff mit Stecknadeln (besser: einigen Heftstichen) zu markieren.
Man kann fast jede Schrift, wenn sie nicht zu klein oder zu geschwungen ist, in ein Kreuzstichmuster übertragen. Dazu zeichnet man seine Buchstaben auf Karopapier und versieht alle Kästchen, die von Buchstaben berührt werden, mit einem Kreuz. Meist muß man einige Kreuze korrigieren, um einen besseren Gesamteindruck zu erzielen. Allerdings sollte man sich immer vorher überlegen, ob die gewählte Schrift dem besonderen Ausdruck des Kreuzstichs entspricht.

Arbeitsanleitung

a) Ausstechen, diagonal über die gleiche Anzahl von Gewebefäden nach oben und rechts einstechen, waagerecht gleiche Anzahl von Fäden nach links auffassen, genau über der vorigen Ausstichstelle ausstechen,

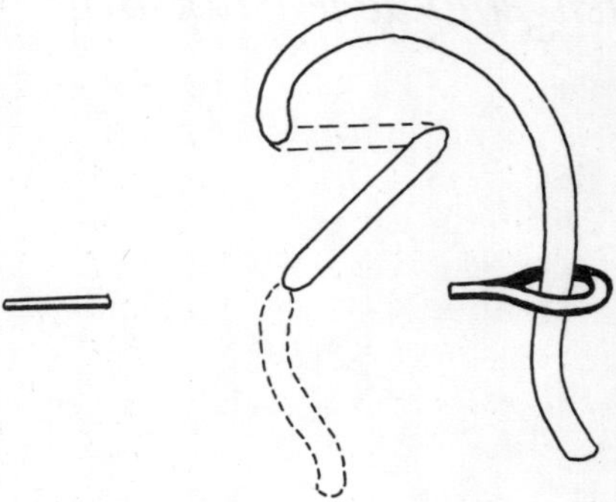

b) diagonal nach unten, genau unter der vorigen Einstichstelle einstechen, waagerecht doppelte Anzahl von Gewebefäden nach links auffassen und parallel zur 1. Ausstichstelle ausstechen, . . .

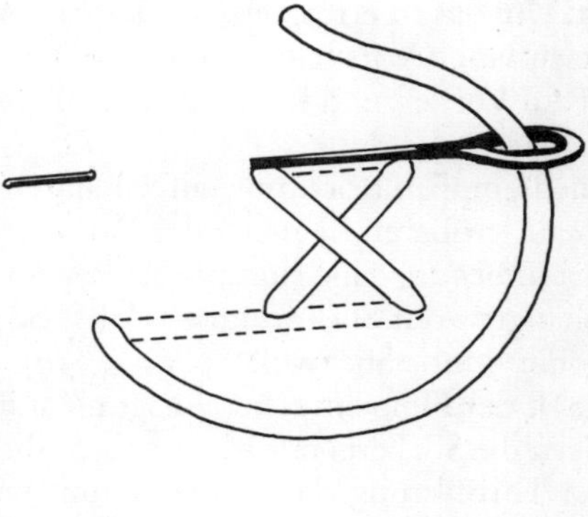

Weitere fadengebundene Stickstiche

Gleichseitiger Linienstich

Diese Stichart ist besser bekannt unter dem Namen *Holbeinstich;* die gleichnamige Stickerei wurde aber schon vor der Zeit des Malers Holbein als volkstümliche Stickerei gepflegt.
Die Besonderheit dieser Technik liegt darin, daß die Arbeit von beiden Seiten gleich aussieht, also nicht eindeutig Vorder-oder Rückseite zeigt. Um das zu erreichen, werden in 2 Arbeitsgängen jeweils gleich lange Vorstiche gearbeitet. Der 2. Arbeitsgang vollendet auf Vorder- und Rückseite die ununterbrochen fortlaufende Linie.
Der Holbeinstich empfiehlt sich nur auf zählbarem Gewebe, durchaus auch auf gröberen Leinen- oder Panamastoffen.
Man verwendet unbedingt eine stumpfe Sticknadel und wählt als Garn – abhängig vom Stickgrund – Mattstickgarn, Vierfachstickgarn oder dünne Stickwolle.
Die Schwierigkeit der Holbeinstickerei liegt nicht in der Ausführung, sondern die Stickerei erfordert einige Überlegungen hinsichtlich der Fortführung der Linien, damit wirklich auf beiden Stoffseiten das gleiche Bild entsteht. Zweigen von einer Hauptlinie mehrere Seitenlinien ab, so müssen diese nachein-

Arbeitsproben – Holbeinstich (Bild rechts oben)
Serviette mit Monogrammen – Holbeinstich (Bild rechts unten)

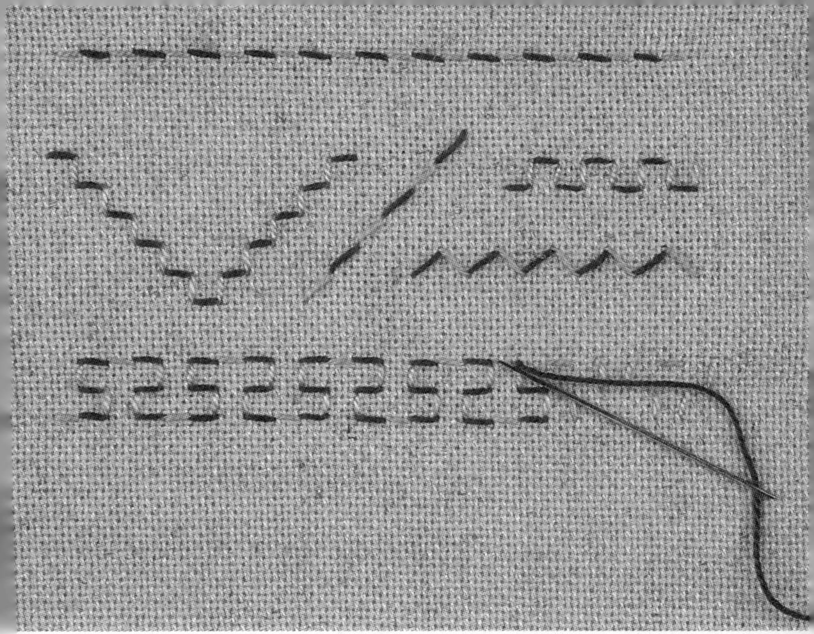

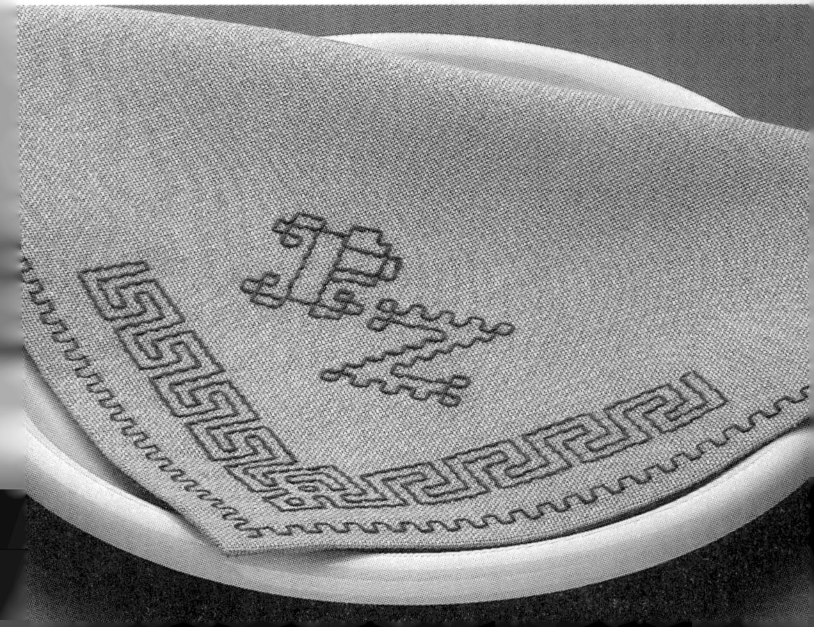

ander zunächst in Hin- und Rückreihe bis zurück zur Grundlinie fertiggestickt werden, bevor man auf dieser weiterarbeitet. Es sind nur sehr lineare Muster zur Umsetzung in diese Technik geeignet. Freie Entwürfe überträgt man deshalb zunächst auf Karopapier und versucht dann, die Formen der quadratischen Einteilung anzupassen. Eventuell kann man zur Auflockerung allzu starrer Formen schräge Linien einfügen.

Holbeinstich

In der Hinreihe von links nach rechts jeweils gleiche Anzahl von Gewebefäden auffassen und übergehen.

In der Rückreihe Lücken füllen; dabei den Vorstich über den Stich der Vorreihe in das gleiche Einstichloch einstechen und unter den vorhandenen Stich innerhalb der nächsten gemeinsamen Einstichstelle ausstechen.

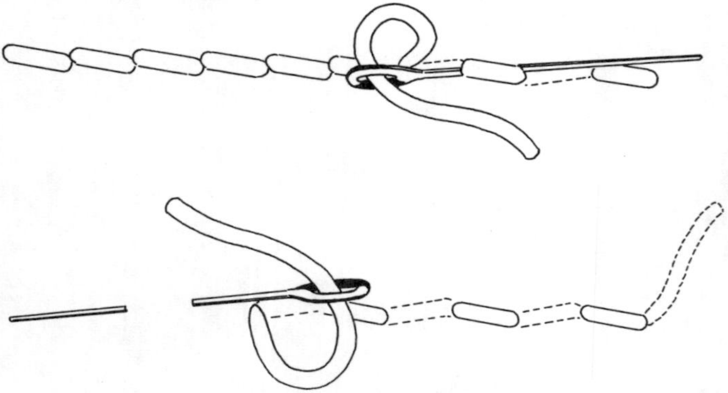

Holbeinstich: gerade Linie (Hin- und Rückreihe)

Stufenlinien aus wechselnd senkrechten (Hinreihe) und waagerechten (Rückreihe) Vorstichen.

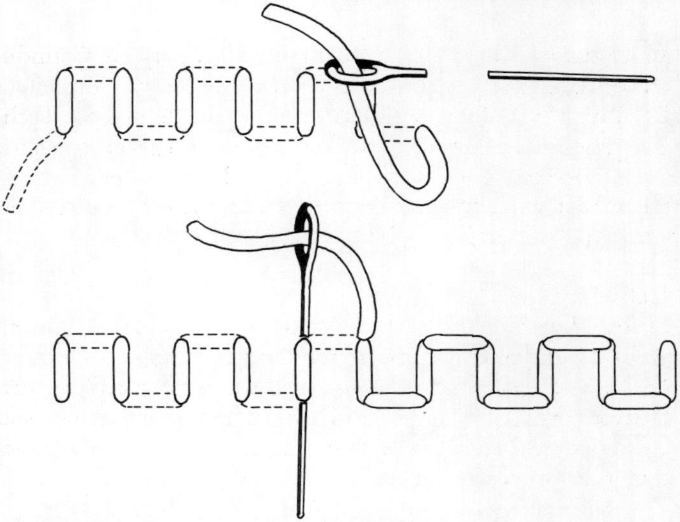

Holbeinstich: Zahnschnittlinie (Hin- und Rückreihe)

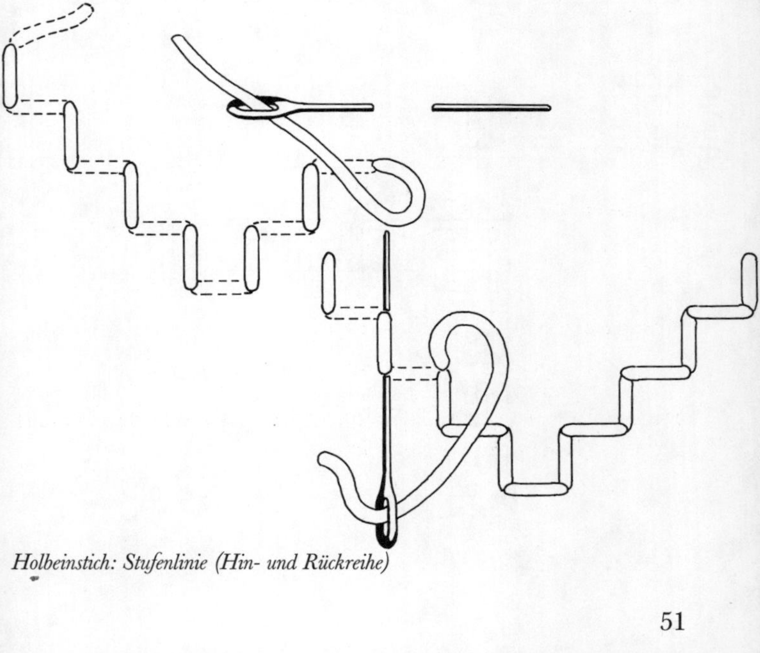

Holbeinstich: Stufenlinie (Hin- und Rückreihe)

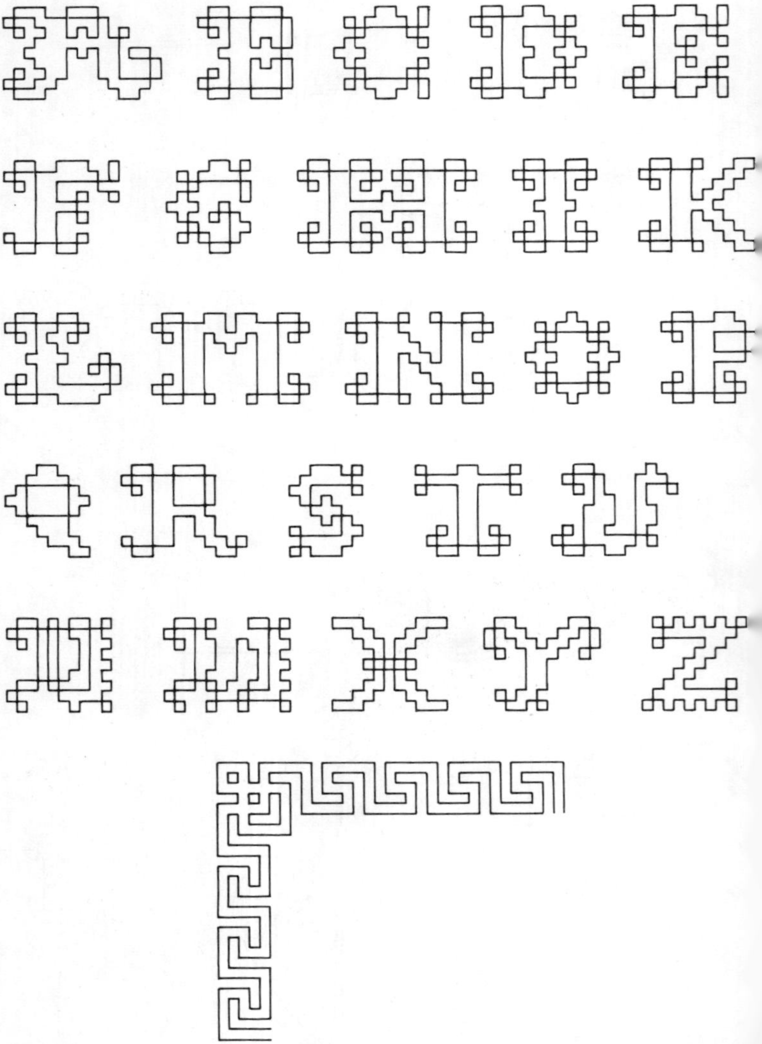

Holbeinstich – Alphabet

Gleichseitiger Sternstich

Der gleichseitige Sternstich – bestehend aus sternförmig angeordneten Spannstichen – ist auch als *Smyrna-* oder *Rosenkreuzstich* bekannt. Meist wird er flächenfüllend gestickt, speziell bei Ajourarbeiten. Ein Stern liegt dicht am nächsten, das heißt, die Endpunkte des einen Sterns sind gleichzeitig die Anfangspunkte für den nächsten Stern.

Damit wie beim Holbeinstich auf der Rückseite ebenfalls das Sternmuster und kein Fadengewirr entsteht, ist folgendes zu beachten: In der Hinreihe dürfen die Sterne nicht ganz fertiggestickt werden, sondern man vollendet sie erst in der Rückreihe. Auf diese Weise werden unnötige Spannstiche auf der Rückseite der Arbeit vermieden.

Man arbeitet den Sternstich auf zählbarem Stoff, der je nach Verwendung des späteren Gegenstands von zart bis grob gewählt werden kann.

Kinderkleid mit Namenszug – Sternstich

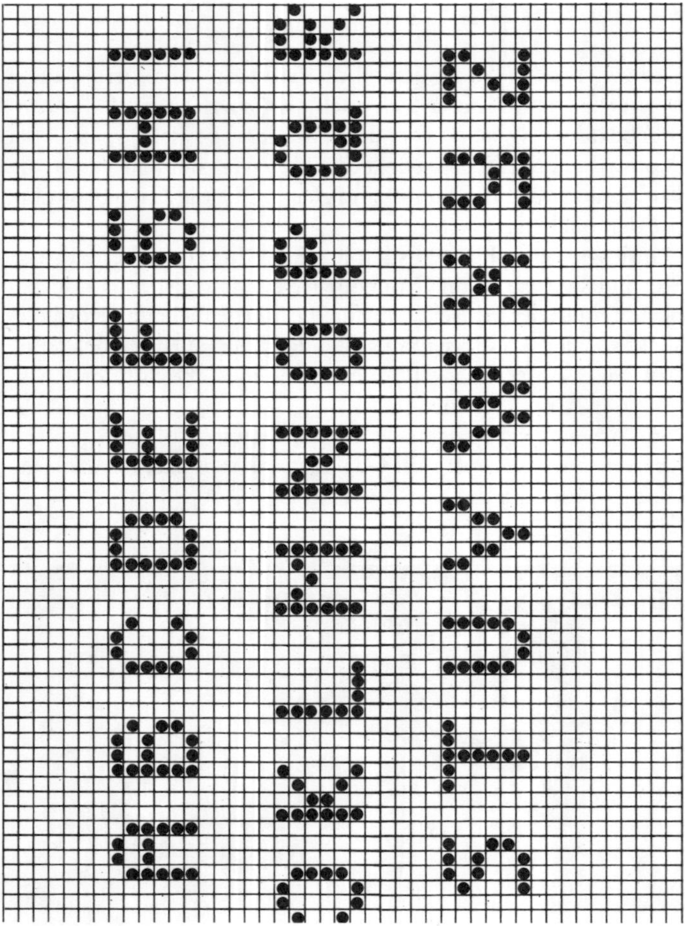

Sternstich-Alphabet

Interessante Aspekte ergeben sich, wenn man den Sternstich auf Karostoff – in einer der Grundfarben des Karos – arbeitet. Es ergibt sich dann eine Veränderung der Farbwerte. Je nach Stoffdichte kann in diesem Fall eine spitze Sticknadel angeraten sein. Sonst stickt man mit der stumpfen Sticknadel und einem nicht zu locker gedrehten Stickgarn. Sehr geeignet ist Vierfachstickgarn, erhältlich in 3 verschiedenen Stärken. Dieses eignet sich auch, wenn der Sternstich auf Siebleinen in der Ajourtechnik gearbeitet wird.

Sternstich

Arbeitsrichtung Hinreihe von links nach rechts

a) Im Mittelpunkt des 1. Sterns ausstechen und im Uhrzeigersinn 5 Spannstiche nach außen arbeiten;
b) von der Einstichstelle des 5. Spannstichs schräg nach oben rechts im Mittelpunkt des nächsten Sterns ausstechen;

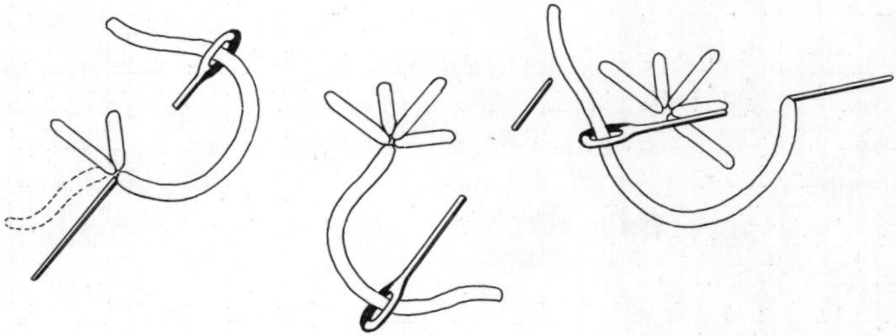

c) waagerecht nach links im Endpunkt des 4. Spannstichs des vorangegangenen Sterns einstechen und im Uhrzeigersinn weitere 5 Spannstiche nach außen arbeiten.

Arbeitsrichtung Rückreiche von rechts nach links

d) Jeweils die fehlenden 2 Spannstiche ergänzen. Der letzte bzw. 1. Stern der Reihe muß mit 3 Stichen vollendet werden.

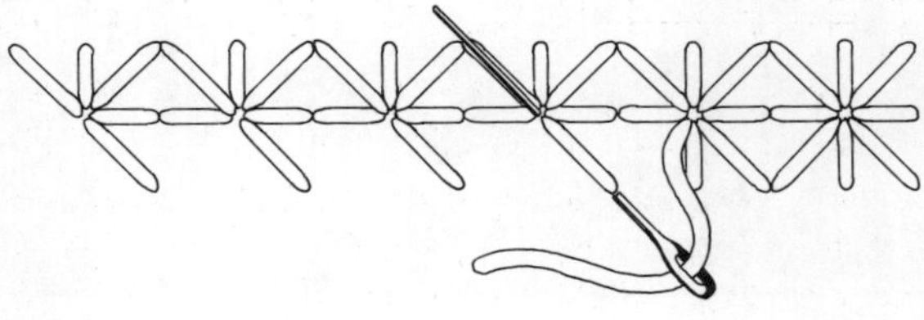

Sternstich

Weißstickerei

Flachstickerei

Die Flachstickerei gehörte neben anderen Stickarten zur Gruppe der Weißstickerei und wurde, wie der Name sagt, ursprünglich mit weißem Garn auf weißem Grund gearbeitet. Nachdem heute Wäsche und Unterzeug nicht mehr nur weiß sind und auch das Stickgarn in allen Farben farbecht zu erhalten ist, ist dieser Oberbegriff irreführend.

Buchhülle – Plattsticharbeit

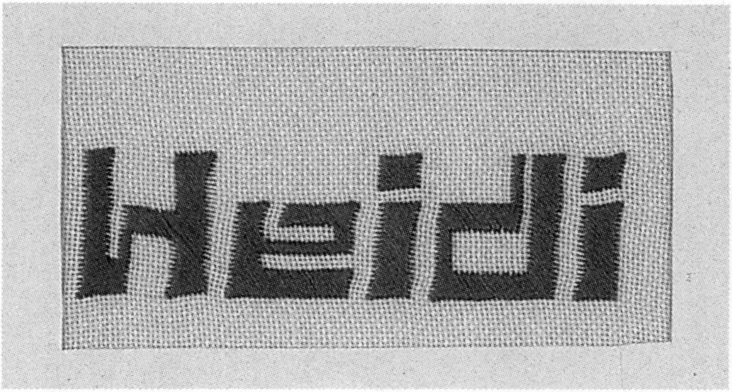

Detailabbildung – Plattstich

Die Flachstickerei entsteht in erster Linie aus Platt- und Stielstichen, seltener wird der Schling- oder Langettenstich gearbeitet. Gestickt wird nur auf feinen Baumwoll- oder Leinenstoffen (Linon, Batist oder Voile, um nur einige Namen zu nennen). Wichtig ist, daß der Stoff immer glatt und gleichmäßig ist, damit sich die Stickstiche gut vom Untergrund abheben. Eine starke Eigenstruktur des Stoffes würde die Wirkung beeinträchtigen; ebenso verhält es sich beim Stickgarn. Deshalb ist von Perlgarn ganz abzuraten – dünnes Vierfachstickgarn oder Sticktwist sind das geeignete Material.
Die Nadel muß in der Regel fein und spitz sein, bei sehr feinem Stoff ist die Nähnadel der Sticknadel vorzuziehen. Nur wenn man die Flachstickerei auf sehr grobem Stoff (in der Art der Grobstickerei) arbeitet, darf die Nadel ohne Spitze verwendet werden.
Von großer Wichtigkeit ist die Zuhilfenahme eines Stickrahmens. Nur dann können die Stiche gleichmäßig straff gespannt werden, und das Ergebnis wird regelmäßig und exakt sein.

Plattstich
Stickrichtung von rechts nach links
Ausstechen, einige Gewebefäden nach links übergehen, einste-

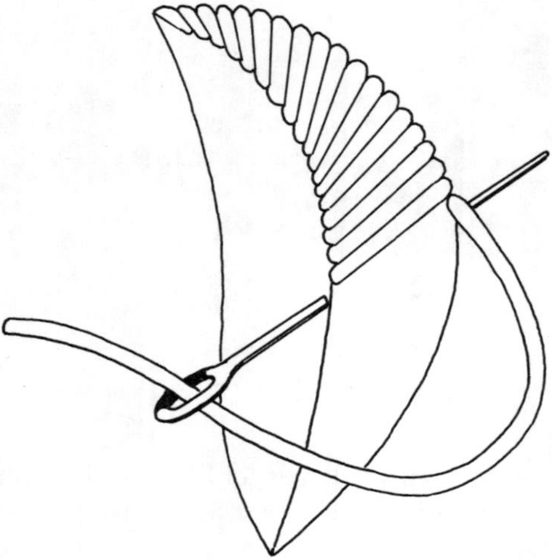
Plattstich

chen, einige Gewebefäden nach rechts auffassen, dicht über der 1. Ausstichstelle ausstechen, . . .
Große Formen werden geteilt ausgestickt.

Stielstich
Arbeitsrichtung von links nach rechts
Ausstechen, einige Gewebefäden nach rechts übergehen, einstechen, halbe Stichlänge nach links auffassen und ausstechen, ganze Stichlänge nach rechts übergehen und nach links, in der Einstichstelle des vorangegangenen Stichs, wieder ausstechen, . . .
Man unterscheidet rechts- und linksgewundene Stielstiche. Die einmal gewählte Windung sollte beibehalten werden.

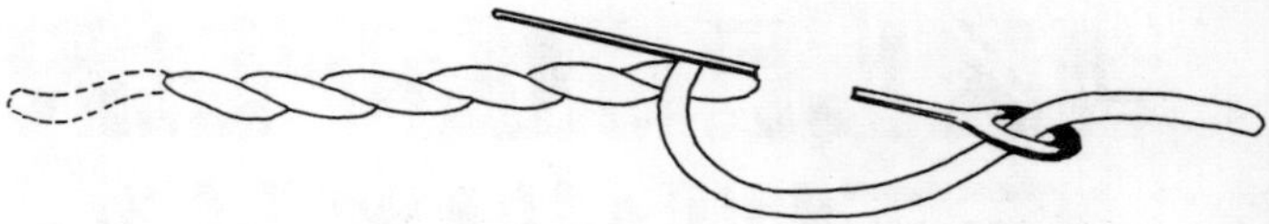

Stielstich (rechtsgewunden)

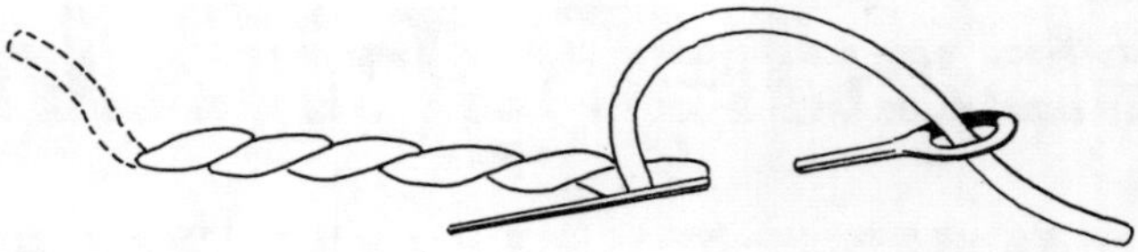

Stielstich (linksgewunden)

Hochstickerei

Die Hochstickerei besteht aus Platt- oder Langettenstichen, die mit Vor- oder Hexenstichen unterlegt werden.
Für die Hochstickerei – im klassischen Sinne ebenfalls zur Weißstickerei gehörend – gelten annähernd die gleichen Bedingungen wie vorstehend bei der Flachstickerei ausgeführt. Es muß unbedingt ein Stickrahmen verwendet werden, das Material sollte glatt und gleichmäßig und auf keinen Fall zu locker gewebt sein. Sticktwist oder Vierfachstickgarn wirkt am besten; zum Unterlegen braucht man auf jeden Fall offenes Garn, wie Stick- oder Stopftwist. Beides füllt gut.
Die Nadel muß spitz und fein sein, damit sie im Stoff keine großen Löcher hinterläßt und leicht durch den Stoff gleitet.
Und wenn schon grundsätzlich Fadenanfänge nicht mit Knoten gesichert werden sollten, so gilt dies in besonderem Maße

Musteralphabet Flachstickerei

Arbeitsproben von Buchstaben und Vignetten in Hochstickerei (Bild rechts oben)
Tischdecke mit Monogrammen – unterlegter Plattstich (Bild rechts unten)

Geschirrhandtuch mit Buchstaben – Schnurstich

für die Hochstickerei, weil sich der Knoten hier sonst später störend durchdrücken würde. Fadenanfänge und -enden werden mit einigen Stichen auf der Rückseite des Motivs verwahrt.

Am Anfang der Arbeit steht das Übertragen des Motivs oder der Schrift auf den Stoff (Kopierpapier). Dann werden die Konturen mit Vorstichen vorgezogen, die auf der Vorderseite länger als auf der Rückseite sein sollten. Danach füllt man das Innere des Motivs ebenfalls mit Vor-, eventuell auch mit Hexenstichen; Vorstiche sind dabei wieder auf der Vorderseite deutlich länger als auf der Unterseite, außerdem häuft man sie zur Mitte des Motivs hin an, damit die Form später schön plastisch wird. Anschließend wird dicht mit Plattstichen, seltener mit Schlingstichen überstickt, und zwar immer im rechten Winkel bis über die Vorstichumrandung hinweg.

Kuschelkissen mit Buchstaben – unterlegter Plattstich und Stielstich (Bild rechts oben)
Bluse mit Monogramm – Hochstickerei (Bild rechts unten)

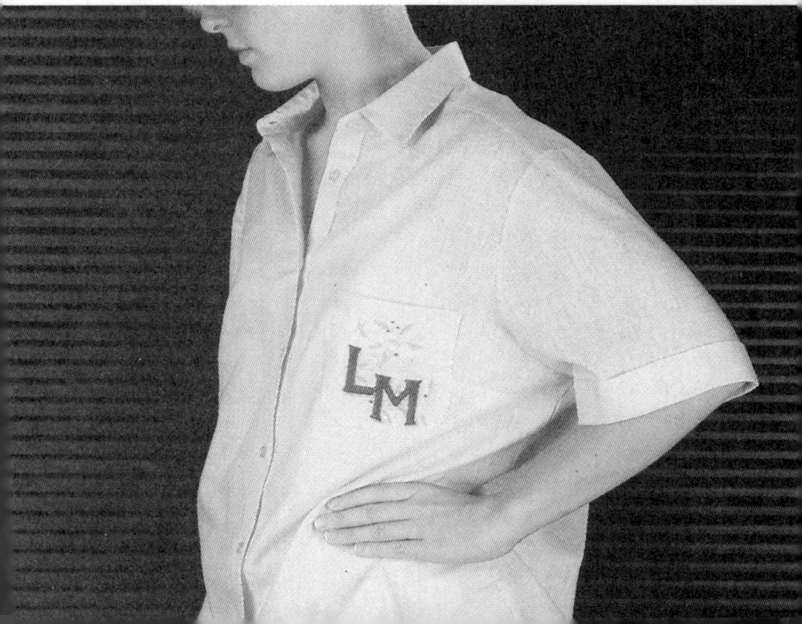
LM

Bei Eckbildungen stickt man zudem vom weiteren zum engeren Rand, wo die Stiche enger liegen. Bei Punkten unterlegt man die Form innerhalb der Umrandung mit 2 Lagen Plattstichen, die im rechten Winkel zueinander gearbeitet werden, wobei die 2. Lage nicht durch den Stoff, sondern nur unter die 1. Lage greift.
Sollen bei der Hochstickerei unterlegte Formen durch Linien verbunden werden, so arbeitet man diese im Stiel- oder Schnurstich.
Da die Hochstickerei nur bei großer Genauigkeit und gleichmäßiger Arbeit wirklich schön wird, sollte man etwas Übung mitbringen oder zunächst eine Probe arbeiten.

Hochstickerei
a) Vorziehen mit auf der Vorderseite längeren Vorstichen,
b) füllen mit Vorstichen,
c) bis über die Vorstichlinie hinaus dicht mit Plattstichen übersticken.

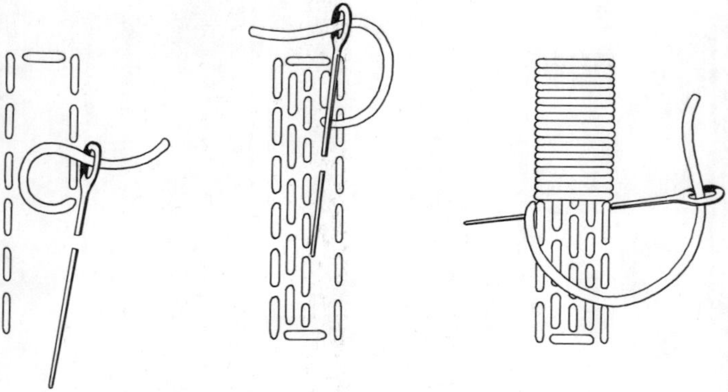

Unterlegter Plattstich

Musteralphabet – Hochstich

Musteralphabet – Hochstich

Schnurstich
Arbeitsrichtung von rechts nach links
Eine Vorstichreihe und einen eingelegten Faden dicht mit Überwendlingsstichen übersticken.

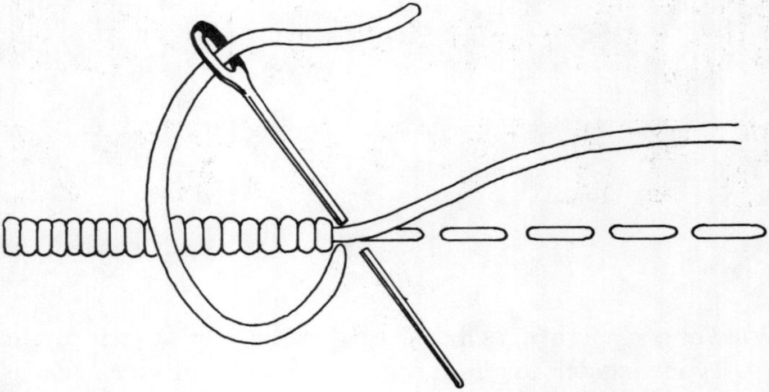

Loch-, Madeira-, Ausschnittstickerei

Obwohl sich die in der Überschrift genannten Stickarten durchaus voneinander unterscheiden, dürfen sie in einem Zuge genannt werden, da sie ursprünglich ebenfalls zur Weißstickerei gezählt wurden. Sie gehören zu den anspruchsvolleren, schwierigeren Techniken, und sie stellen hinsichtlich des Materials etwa gleiche Anforderungen.

Buchstabe in Lochstickerei (links)
Buchstabe in Lochstickerei – geschnittene Leiter (rechts)

Am besten eignet sich für die Ausführung der genannten Stickarten ein feiner, aber dennoch fester Baumwoll-, besser noch Leinenstoff. Keinesfalls sollte man an der Qualität des Materials sparen, da die Mühe der Arbeit auf billigem Stoff in keinem Verhältnis zur Kostenersparnis steht. Das Garn sollte fest gezwirnt aus Baumwolle oder Leinen sein; lediglich zum Vorziehen der Konturen kann wiederum ein offenes Garn, wie Stopf- oder Sticktwist, in der Farbe des eigentlichen Stickgarns verwendet werden. Eine feine, spitze Näh- oder Sticknadel und eine scharfe, spitze Stickschere sind ebenso unerläßlich wie der Stickrahmen.

Lochstickerei

Die Konturen werden wie bei der Hochstickerei mit Vorstichen vorgezogen. Dann wird der Stoff innerhalb des vorgezogenen Lochkreises kreuzförmig eingeschnitten und auf die Rückseite umgebogen. Danach werden die Konturen mit Bindlochstichen umstochen. Der überstehende Stoff auf der Rückseite wird weggeschnitten.
Sind die zu arbeitenden Löcher sehr klein, genügt es, die Gewebefäden mit dem Bindlochstecher auseinanderzuschieben, so daß ein Loch entsteht. Im übrigen gilt die gleiche Arbeitsweise wie vorstehend beschrieben.
Will man schattierte Löcher arbeiten, so zieht man nur die Hälfte des Kreises mit Vorstichen vor, während man den »Schatten« mit Hexenstichen füllt. Danach erfolgt wieder das Übersticken mit Bindlochstichen.

Lochstickerei
a) Lochkontur mit Vorstichen vorziehen,
b) Stoff kreuzförmig einschneiden, nach hinten biegen und die Kante dicht mit Bindlochstichen übersticken.

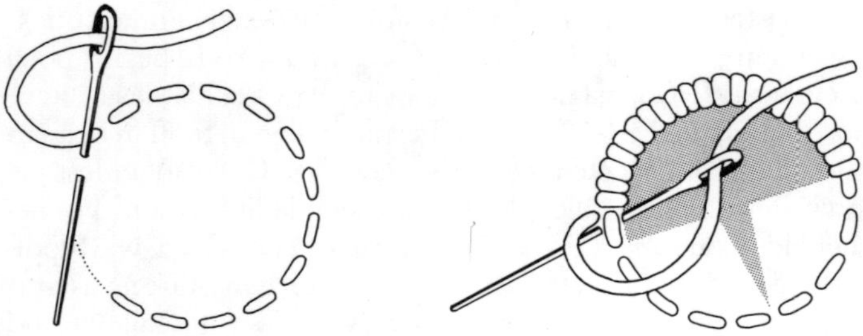

Blindlochstich

Geschnittene Leiter

1) Form mit Vorstichen vorziehen,
2) Stoff vorsichtig einschneiden, nach hinten klappen und bis zum 1. Steg die Kante mit Bindlochstichen umstechen.
3) Den Steg spannen,
4) Steg dicht umwickeln,
5) Leiterkante bis zum nächsten Steg dicht umstechen. Zuerst eine Seite zusammen mit den Stegen arbeiten, dann die gegenüberliegende Leiterkante fertigstellen.

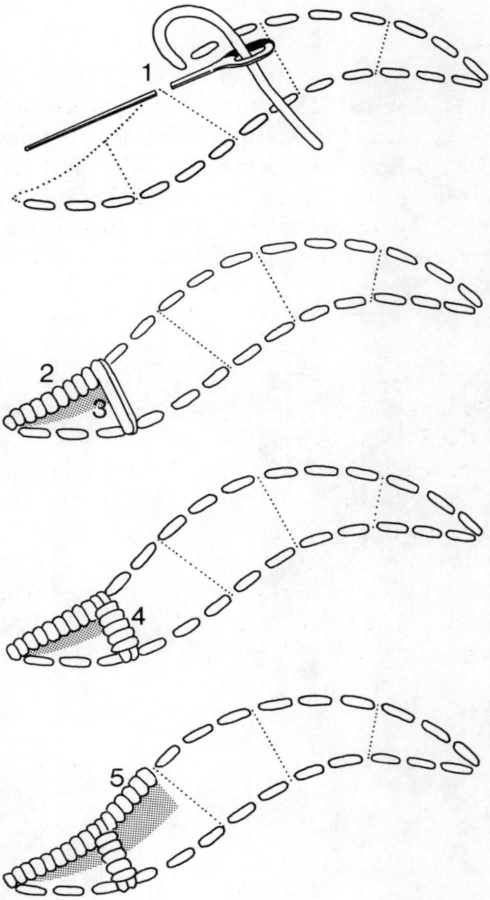

Geschnittene Leiter

Madeirastickerei

Sie stellt die Kombination aus der schon beschriebenen Hoch- und Lochstickerei dar. Das Muster entsteht sowohl aus Löchern wie auch aus Motiven in unterlegtem Plattstich. Ursprünglich wurde die Stickerei in blaßblauem Garn auf weißem Grund gearbeitet und stellte lange Zeit einen Haupterwerbszweig auf der Insel Madeira dar. Das Arbeiten der Madeirastickerei ergibt sich aus den Erläuterungen zur Hoch- und Lochstickerei.

Buchstabe in Madeirastickerei

Ausschnittstickerei

Wird bei der Lochstickerei der Grundstoff nur innerhalb von Kreisen ausgeschnitten, so wird bei der Ausschnittstickerei der Grundstoff zwischen den Motiven entfernt. Dazu müssen die Motivkanten nach dem Vorziehen mit Vorstichen mit Schlingstichen umstochen werden. Die Schlingen sollen immer an der späteren Schnittkante liegen.

Sind die Motive nicht mehr miteinander verbunden, so werden Stegverbindungen hergestellt. Das können sowohl Wikkelstege als auch Langettenstege sein, die über zwischen den Motivteilen gespannten Fäden gearbeitet werden. Dabei darf der Grundstoff nicht mitgefaßt werden, da dieser ja am Ende der Arbeit ausgeschnitten wird.

Arbeitet man die Stege mit Picots (kleine Zacken), so lautet die genaue Bezeichnung der Stickerei *Richelieustickerei*. Sind die Stege ohne Picots gearbeitet, so handelt es sich um die *Renaissancestickerei,* die in den Originalvorlagen strengere, geschlossenere Formen aufweist als die verspieltere Richelieustickerei.

Kissen mit Monogramm – Ausschnittstickerei

Oft verschmelzen aber auch beide Techniken innerhalb einer Arbeit.
Für die Buchstabenstickerei ergeben sich bei der Ausschnittstickerei 2 Möglichkeiten:
Erstens kann man die Buchstaben als Motivteile stehenlassen und den Fond beispielsweise einer Passe in Ausschnitten gestalten. Oder man kann den Stoff innerhalb der Buchstabenkontur als Ausschnitt behandeln. Beide Möglichkeiten haben je nach Anwendungsgebiet ihre Reize.
Lochstickerei, Madeirastickerei und Ausschnittstickerei sind so vielfältig in ihren Variationen, daß innerhalb dieses Buches nicht umfassender auf diese Techniken eingegangen werden kann. So werden hier nur jeweils die Grundtechniken beschrieben, Abwandlungen und Ergänzungsmöglichkeiten – etwa gestickte »Spinnen« an den Kreuzungspunkten von Stegen bei der Ausschnittstickerei – sprengen den hier beabsichtigten Rahmen.

Ausschnittstickerei
Vorziehen der Form mit 2 Reihen Vorstichen, dabei Fäden für die Stege spannen, der Grundstoff darf nicht mitgefaßt werden. Stege als a) Wickelsteg, b) Langettensteg oder c) Langettensteg mit Pikot fertigstellen, bevor die späteren Schnittkanten dicht mit Schlingstichen umstochen werden.
Zuletzt den Stoff vorsichtig ausschneiden.

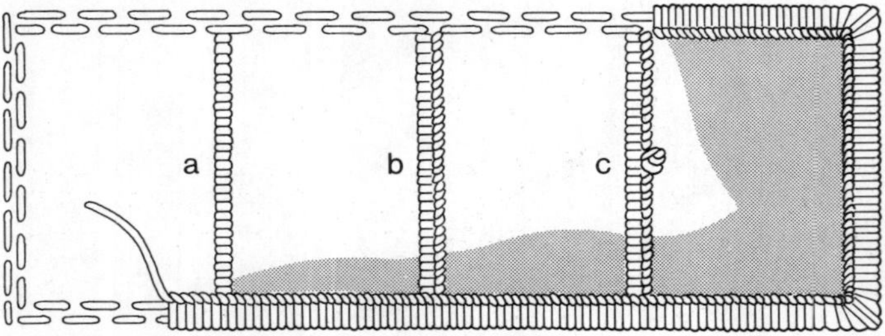

Langettenstich a, Wickelsteg
b, Langettensteg
c, Langettensteg mit Pikot

Langettensteg
Gespannte Fäden dicht mit Schlingstichen umstechen.

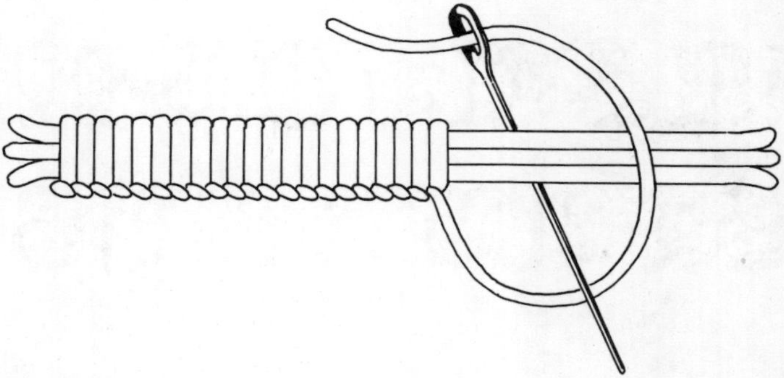

Langettensteg

Langettensteg mit Pikot
Arbeitsweise wie oben, jedoch an der gewünschten Stelle ein Pikot wie folgt arbeiten:
Die Nadel in den vorangegangenen Stich einstechen, aber nicht durchziehen. Den Stickfaden von hinten nach vorne einige Male um die Nadelspitze wickeln, dann die Nadel durchziehen. Dabei die Wicklungen leicht festhalten.
Den Steg weiter dicht mit Schlingstichen füllen.

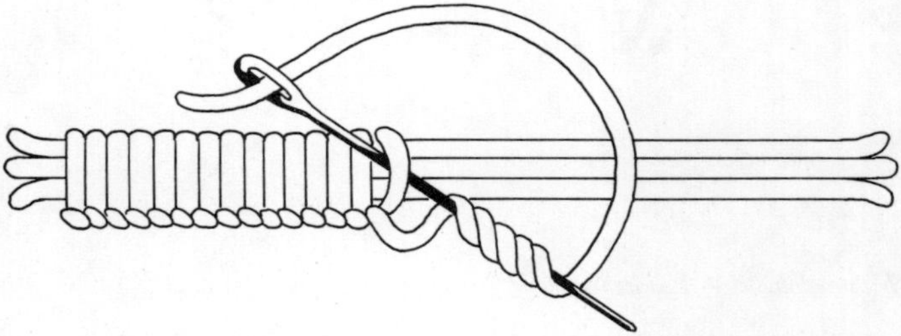

Langettensteg mit Pikot

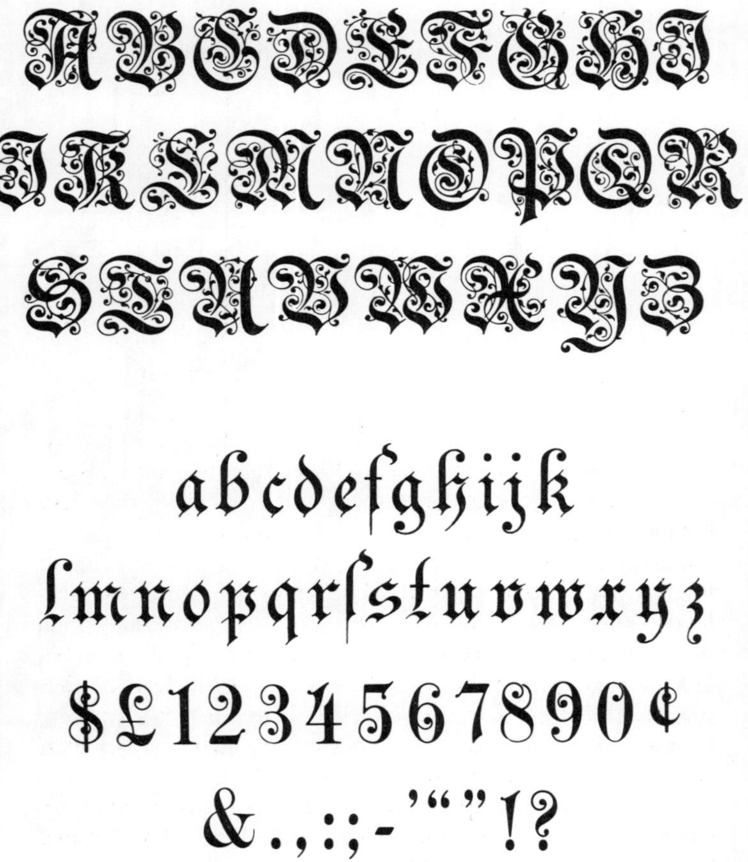

Musteralphabet – Ausschnittstickerei

Ajourstickerei

Die Herkunft dieser Stickart ist nicht eindeutig zu belegen. Wir kennen sowohl Arbeiten aus dem Orient als auch aus Europa, wo diese Art der Stickerei besonders in der Schweiz unter dem Namen *Schweizer Zugstickerei* weit verbreitet war.
Die Muster sind in verschiedenen Sticharten auf so lockerem Gewebe zu arbeiten, daß durch das straffe Anziehen des Stickfadens Durchbrüche im Gewebe entstehen. Es werden jedoch nicht, wie bei den eigentlichen Durchbrucharbeiten, Gewebefäden ausgezogen. Es können also nur solche Stiche gearbeitet werden, die um die Gewebefäden herumgreifen und sie zusammenziehen. Damit sich dennoch nicht die ganze Arbeit verzieht, ist unbedingt im Stickrahmen zu arbeiten.
Man benutzt die stumpfe Sticknadel und, wie schon erwähnt, einen lockergewebten Stoff in Leinenbindung, zum Beispiel Siebleinen. Das Stickgarn sollte nicht zu locker gedreht sein; Vierfachstickgarn, eventuell auch Perlgarn passen am besten.
Ajourstickereien müssen beim Waschen besonders vorsichtig behandelt werden, damit sie sich nicht verziehen und somit unansehnlich werden.
Die Stiche, die am häufigsten angewendet werden, sind der Kästchenstich, der Stern- und der Hexenstich; auch Plattstich, Waffel- und Maschenstich eignen sich für die Ajourstickerei.

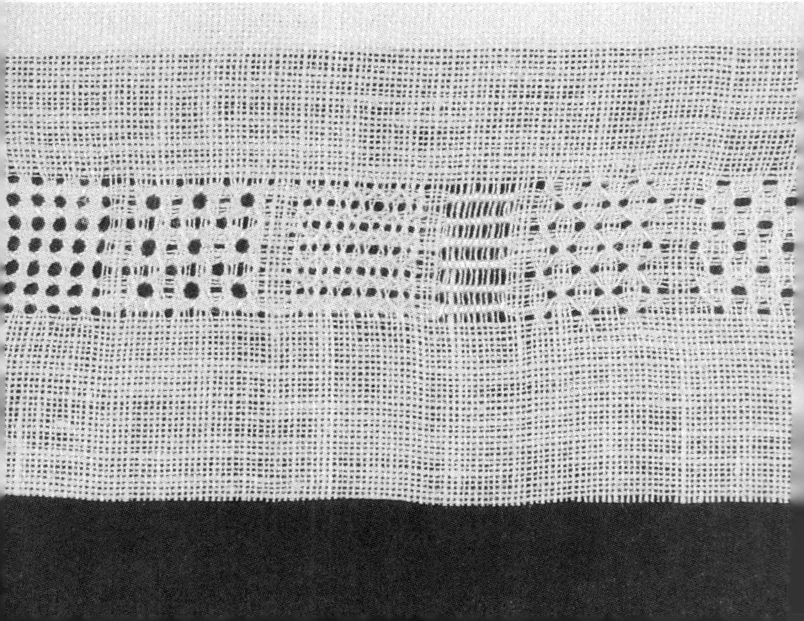

Serviette in Ajourstickerei – Kästchenstich

Kissen mit Monogramm – Ajourstickerei (Bild links oben)
Arbeitsproben Ajourstickerei:
Kästchen-, Stern-, Hexen-, Platt-, Waffel- und Maschenstich (Bild links unten)

Musteralphabet – Ajourstickerei

Durchbruchstickerei

Hier werden im Gegensatz zur Ajourstickerei Gewebefäden ausgezogen, was nur bei leinenbindigen Stoffen und jeweils im rechten Winkel möglich ist. Die Linien einzelner Buchstaben stehen jedoch häufig in einem anderen Winkel zueinander; auch würden Bogen so eckig werden, daß sich die Durchbruchstickerei für das Sticken von Schrift nicht eignet. Deshalb wird an dieser Stelle darauf verzichtet, die Technik näher zu beschreiben.

Kästchenstich

Arbeitsrichtung von rechts nach links

a) Ausstechen, einen senkrechten Stich nach oben ausführen, diagonal nach unten, parallel zur 1. Ausstichstelle ausstechen,
b) einen waagerechten Stich zur 1. Ausstichstelle arbeiten und diagonal oben links ausstechen,
c) einen waagerechten Stich nach rechts ausführen und unten links ausstechen,
d) senkrecht nach oben stechen, das Kästchen beenden.

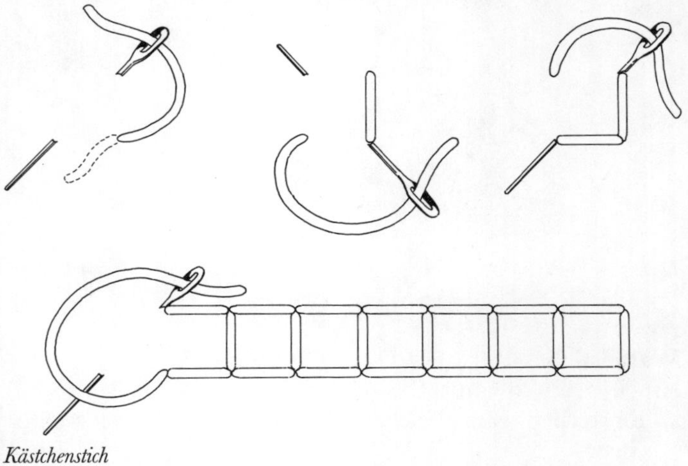

Kästchenstich

Sternstich, siehe fadengebundene Stickstiche.

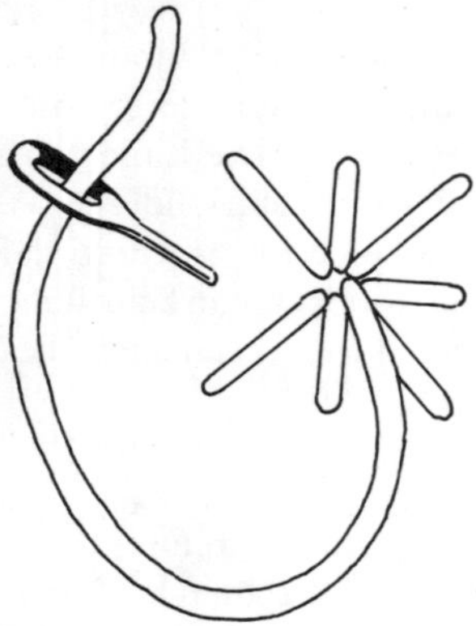

Sternstich

Hexenstich, siehe Applikation.

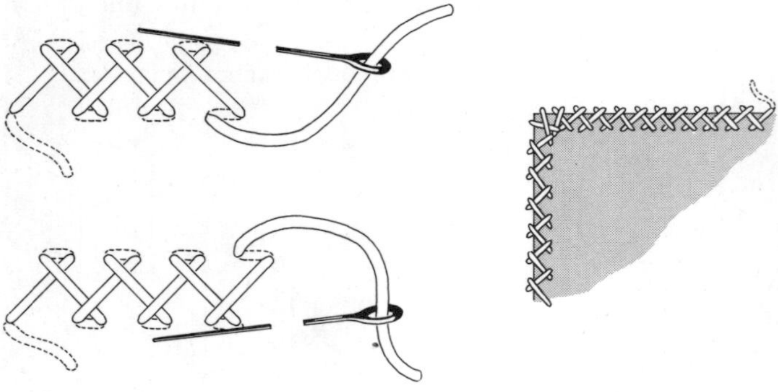

Hexenstich

Waffelstich

Arbeitsrichtung von rechts nach links

a) Einstechen, ganze Stichlänge nach links auffassen, ausstechen,

b) gleiche Stichlänge nach rechts übergehen, wieder in den vorigen Stichlöchern ein- und ausstechen, Faden anziehen,
c) senkrecht nach oben, über der Ausstichstelle, einstechen, . . .
d) Die 2. Reihe entgegengesetzt dicht an die vorangegangene Reihe anschließen bzw. die Arbeit drehen.

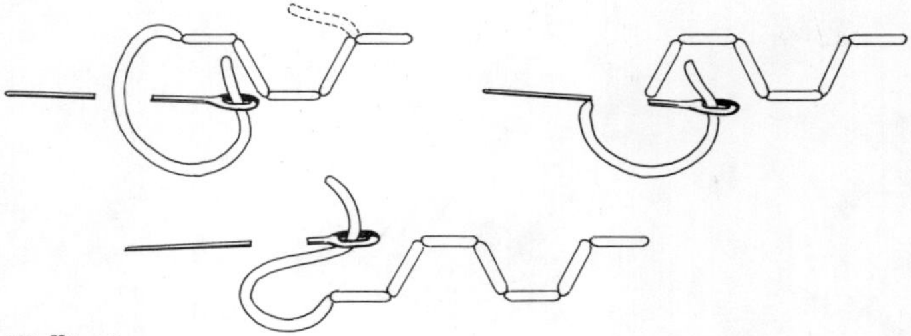

Waffelstich

Plattstich, siehe Flachstickerei.

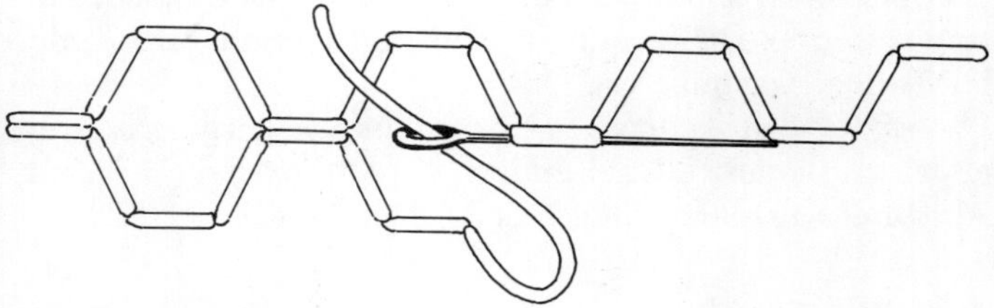

Maschenstich, siehe Applikation.

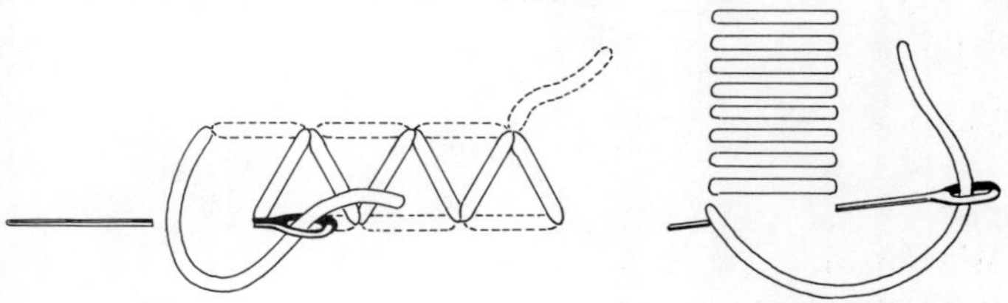

Maschenstich

Arbeiten mit Füllstichen

Flächenfüllstiche sind keine eigenständige Stichgruppe, sondern bezeichnen alle geeigneten Stiche, um eine Fläche durch systematische Anordnung zu füllen. Das können der Knötchenstich, Kästchen-, Maschen-, Stern-, Kreuz-, Ketten- und der Spannstich sein. Man kann sogar den Vorstich flächenfüllend einsetzen. Die Konturen sollte man aber mit Stepp- oder Stielstichen akzentuieren.

Da bis auf den Kettenstich alle genannten Stiche schon im einzelnen dargestellt und erklärt wurden, reichen in diesem Abschnitt Kurzdarstellungen der Arbeitsweise.

Arbeitsprobe Füllstiche:
Kästchen-, Stern-, Platt-, Maschen- und Kreuzstich (Bild rechts oben)
Türschild – Füllsticharbeit (Bild rechts unten)

BAD

Knötchenstich, siehe Nadelmalerei.

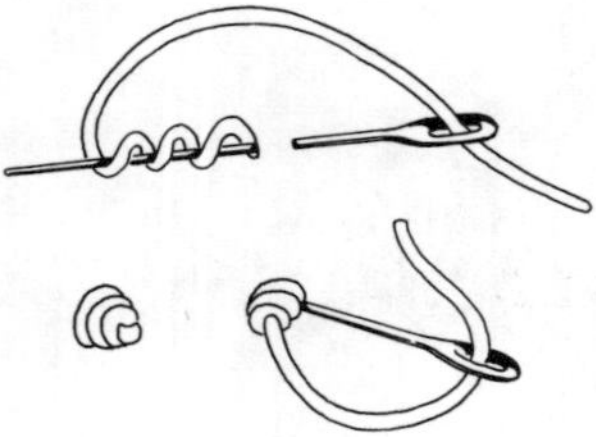

Maschenstich, siehe Applikation.

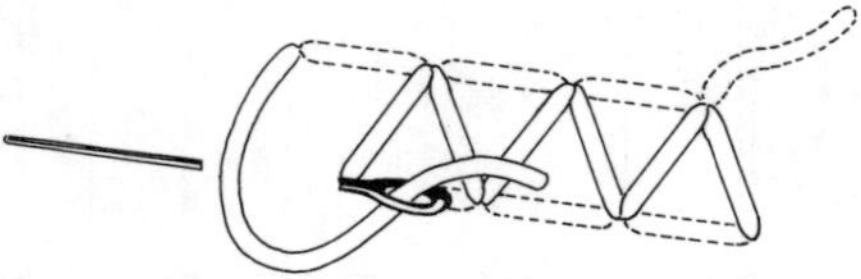

Kästchenstich, siehe Ajourstickerei.

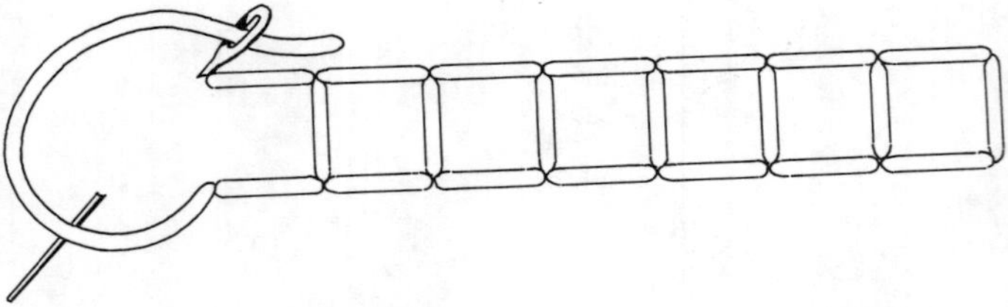

Kreuzstich, siehe Kreuzstichstickerei.

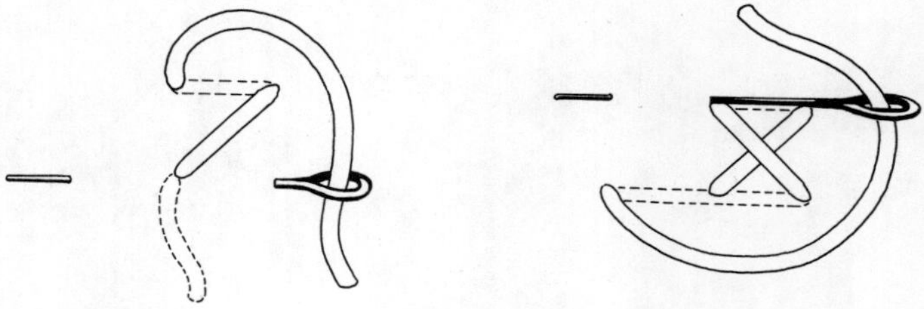

Spannstich, siehe Flachstickerei.

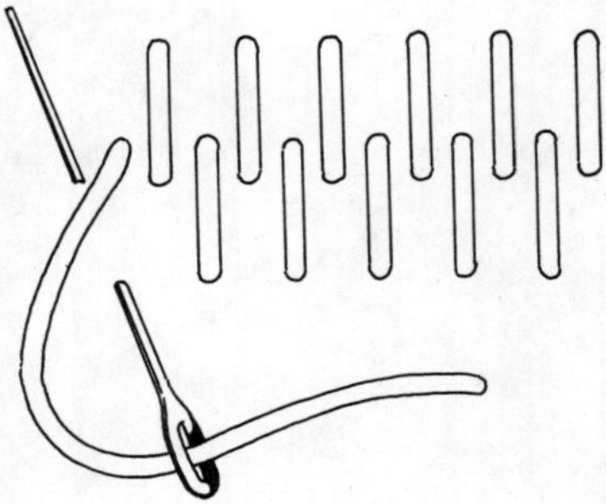

Sternstich, siehe fadengebundene Stickstiche.

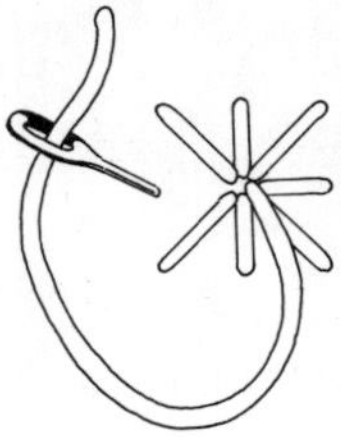

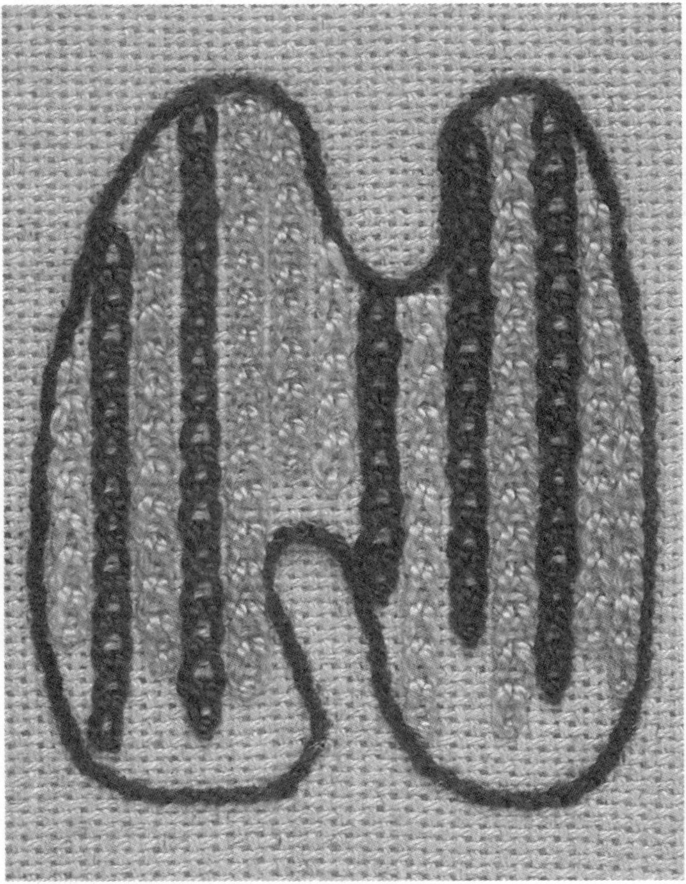

Buchstabe N mit Kettenstich

Kettenstich
Ausstechen, Faden zur Schlinge legen, in der Ausstichstelle wieder einstechen, innerhalb der Schlinge wieder ausstechen, Faden zur Schlinge ...

Musteralphabet – Füllstich

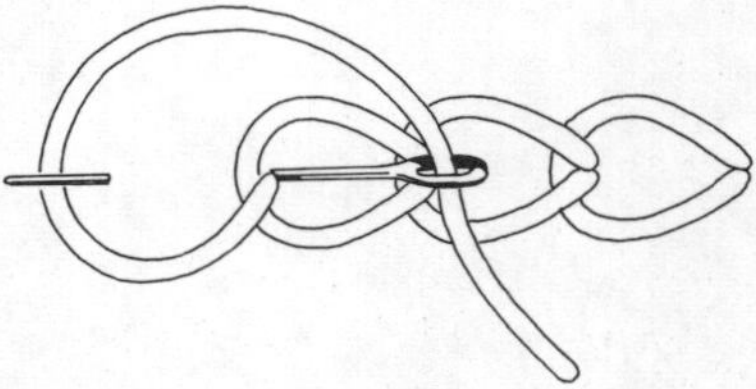

Kettenstich

Die arabische Stickerei

Im Gegensatz zu den oben genannten Flächenfüllstichen, die nicht zwangsläufig den gesamten Grundstoff des Motivs füllen müssen, decken bei der arabischen Technik die Stickstiche den ganzen Grundstoff innerhalb des Musters oder Buchstabens. Man arbeitet im Rahmen auf Leinen, Seide oder Tuch, und zwar vorzugsweise mit Stickseide oder Sticktwist. Je nach Verwendung können auch Gold- oder Silberfäden verarbeitet werden.

Kissen – arabische Stickerei

Man stickt zunächst die Motivform mit Spannstichen aus; bei großen Musterformen kann man materialsparend den Sparstich arbeiten. Anschließend werden im Sparstich gitterförmig diagonal verlaufende Spannstiche darübergestickt, die mit kleinen Überfangstichen an den Kreuzungspunkten festgehalten werden.
Man kann Musterformen, die in der arabischen Technik ausgestickt worden sind, anschließend mit Stielstichen in der passenden Farbe umranden.

Arabische Stickerei
a) Füllen der Motivform mit Spannstichen im Sparstich,
b), c) gitterförmig mit Spannstichen übersticken,
d) Kreuzungspunkte mit Überfangstichen sichern.

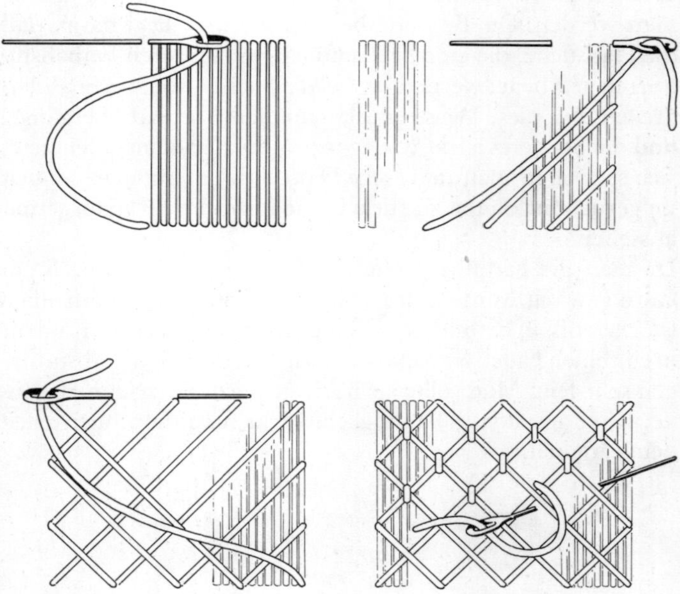

Arabische Stickerei

Nadelmalerei

Die Nadelmalerei besteht überwiegend aus Plattstichen, zu denen nach Bedarf der Stiel- und/oder Knötchenstich kombiniert werden. Die Besonderheit der Technik liegt darin, daß die Plattstiche, die eine Fläche füllen, in mehreren Farbabstufungen gearbeitet werden, wobei die Stiche jeweils ineinandergreifen. Auf diese Weise erzielt man fließende Farbübergänge, und die Stickerei wirkt wie »gemalt«. Die Nadelmalerei bietet sich speziell für naturalistische Darstellungen an; man benutzt sie gerne, um Blüten zu sticken, die farblich sehr naturgetreu aussehen.

Da man die Farbübergänge möglichst zart abtönt, muß ein Garn gewählt werden, das in vielen Schattierungen erhältlich ist. Das trifft in besonderem Maße auf Sticktwist zu, der zudem in einzelnen Fäden zu verarbeiten ist. So gelingen die Abstufungen sehr fein. Man sollte sie übrigens nicht vorzeichnen, sondern frei arbeiten; falls möglich, stickt man die Blüten nach dem Original.

Arbeitsprobe Nadelmalerei (Bild rechts oben)
Schriftzug in Nadelmalerei (Bild rechts unten)

Man stickt die ungleich langen Plattstiche innerhalb der Motive immer vom äußeren Rand zur Mitte hin. Alle Stiche müssen die gleiche Richtung haben und greifen beim Farbwechsel zwischen die Stiche der vorangegangenen Farbe. Gestickt wird mit einer spitzen Nadel auf feinem Gewebe. Der Stickgrund sollte wie bei der Flach- und Hochstickerei glatt und ohne starke Eigenstruktur sein. Besonders edel wirkt die Nadelmalerei auf Seide, Satin und Duchesse.

Nadelmalerei
Am äußeren Rand beginnend ungleich lange Plattstiche arbeiten. Die Stiche der nächsten Farbe greifen in die Lücken der vorangegangenen Stiche.

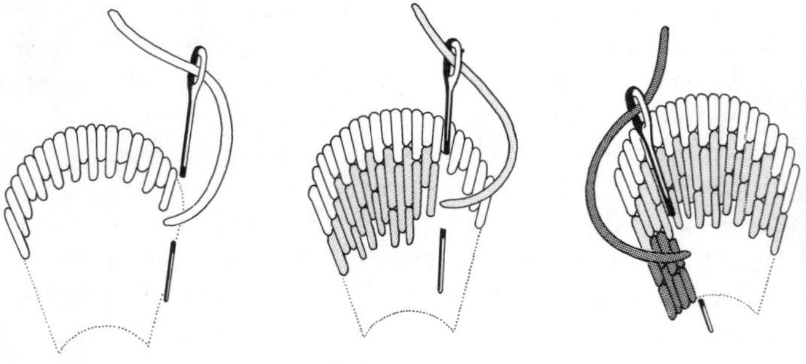

Schattierter Plattstich

Knötchenstich
Ausstechen, Faden einige Male um die Nadelspitze wickeln, die Nadel durchziehen, dabei die Wicklungen leicht festhalten, dicht neben der Ausstichstelle wieder einstechen.

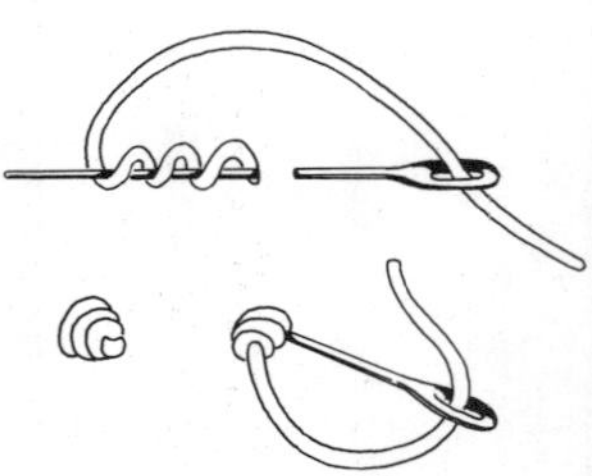

Schattenstickerei

Die Schattenstickerei verdankt ihren Namen, ebenso wie die Nadelmalerei, der Wirkung, die sie erzielt. Durch den Stoff schimmernde, mehr oder weniger gefüllte Flächen lassen die Motive stärker oder schwächer als Schatten erscheinen. Zwingend bei dieser Technik ist die Erfordernis eines durchscheinenden Gewebes; Schleierstoff, Organza, Organdy, Voile oder zarter Batist sind zu wählen. Dazu ein farblich wenig kontrastierendes Garn – möglichst Sticktwist. Starke Farbunterschiede von Garn zu Stoff zerstören die gewünschte duftige Wirkung.

Man kann die Schattenstickerei auf der rechten oder linken Stoffseite arbeiten, und zwar abhängig davon, ob man mit oder ohne Stickrahmen arbeitet. Im Rahmen werden auf der rechten Stoffseite Steppstiche ausgeführt, wechselnd vom einen zum gegenüberliegenden Motivrand. Stickt man frei aus der Hand, so führt man auf der linken Seite Hexenstiche aus.
Je nach gewählter Garn- und Stichdichte erreicht man unterschiedlich starke Schattenwirkungen.
Der Ungeübte arbeitet mit dem Stickrahmen leichter und gleichmäßiger.

Schattenstickerei

a) Steppstiche von Rand zu Rand wechselnd auf der rechten Seite,
b) die Form füllende Hexenstiche auf der linken Seite der Arbeit.

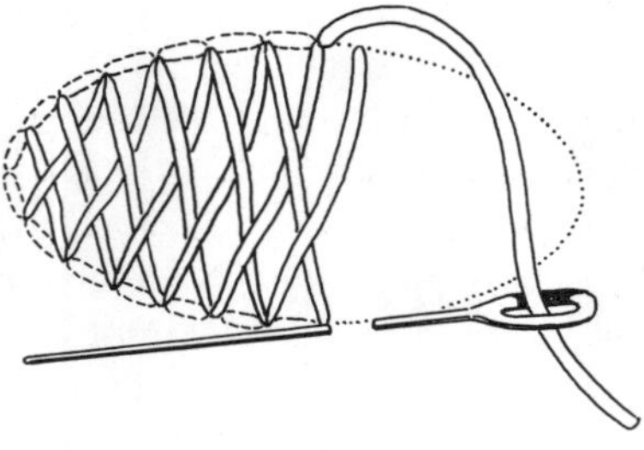

Rechte Seite

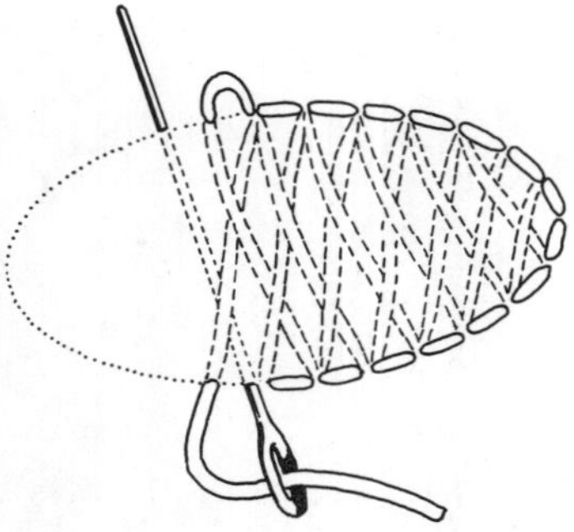

Linke Seite

Goldstickerei

Im 17. und zu Beginn des 18. Jahrhunderts verwandte man die Technik hauptsächlich für kirchliche Paramenten und zum Schmuck von Kleidung und Heimtextilien des Hochadels. Seit dem Ende des 18. Jahrhunderts befaßten sich fast ausschließlich Fachleute mit dieser Arbeit; das vollständige Erlernen der Goldstickerei bedingte der damaligen Auffassung zufolge eine Lehrzeit von 9 Jahren.

Wurde die Goldstickerei später auch wieder von Liebhabern ausgeführt, so ist die Technik derzeit kaum noch von Bedeutung, geschweige denn, daß sie ausgeübt würde. Das liegt zum einen an der schwierigen Arbeitsweise und zum anderen daran, daß heute die Beschaffung des originalgetreuen Materials kaum möglich ist.

Aus dem hohen Materialpreis für die echt goldenen Stickfäden sowie aus der Sprödigkeit und Stärke des Metallfadens ergeben sich die Verarbeitungsweisen. Im klassischen Sinne kennen wir bei der Goldstickerei die Legetechnik, das Stechen und das Sprengen.

Bei der *Legetechnik* werden die Goldfäden der gewählten Musterform entsprechend aufgelegt und mit Überfangstichen in gleicher oder kontrastierender Farbe festgehalten. Der Goldfaden liegt also nur auf; er wird nicht von der Vorderseite durch den Stoffgrund auf die Unterseite geführt.

Ebenso verhält es sich bei der *Sprengtechnik*. Hier wird der Goldfaden ebenfalls nur aufgelegt, allerdings immer über eine steife Unterlage, zum Beispiel Kartonform. Am Rand der Form wird der Metallfaden durch eine Garnschlinge von unten festgehalten. Dieser Arbeitsfaden soll in einer möglichst angepaßten Farbe gewählt werden. Die Kartoneinlage muß ebenfalls gelb angemalt sein, damit sie keinesfalls abstechend durchscheint. Statt über eine Kartonform kann auch über eine vorgestickte Fläche (siehe Hochstickerei) gearbeitet werden.
Lediglich beim sogenannten *Stechen* wird der Goldfaden durch das Gewebe geführt und deckt mit geraden oder schrägen Plattstichen die Musterform. Um den starken Metallfaden durch den Stoff ziehen zu können, ist häufig ein Vorstechen entlang der Musterformen notwendig.
Aus den bisher dargestellten Techniken der Goldstickerei ergibt sich zwangsläufig die Notwendigkeit eines schweren, widerstandsfähigen Stoffes. Samt, Tuch oder auch Leder eignen sich zur Ausführung.
Als Stickmaterial kommen heute folgende Garnsorten in Betracht: gold- oder silberfarbene Zierlitze, Lurexfäden und sogenannte Kantille oder Bouillon. Beim letztgenannten Material handelt es sich um eng aus Metalldraht gedrehte Spiralen.
Eignet sich Lurex für die Stechtechnik, so verwendet man die Zierlitze am besten in der Legetechnik. Die Kantille wird in der Manier der Sprengtechnik verarbeitet, wobei man den Arbeitsfaden hier allerdings durch kleine Kantillestücke führt, die der Musterform entsprechend zugeschnitten sind. Dieser Befestigungsfaden kann nach dem Einstechen in den Stoff im Sparstich (vergleiche arabische Stickerei) nach oben zurückgeführt werden.
Verbindet man die Kantillearbeit mit dem Aufnähen von Perlen oder Pailletten, so entsteht eine *Flitterarbeit*.

ABCDEFGHI

JKLMNOPQR

STUVWXYZ

abcdefghijklmnopqrst

uvwxyz

1234567890

Musteralphabet – Goldstickerei

Arbeitsprobe Goldstickerei – Kantillearbeit

Legetechnik
Goldlitze auflegen und mit Überfangstichen befestigen.

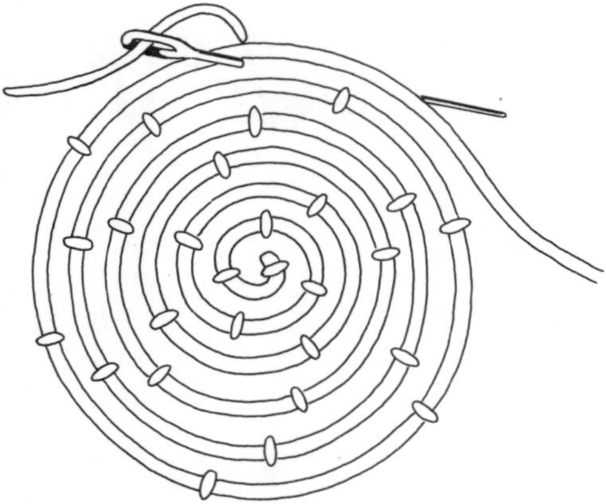

Kantillestickerei
Kantillestücke auffädeln, über Kartonform aufnähen.

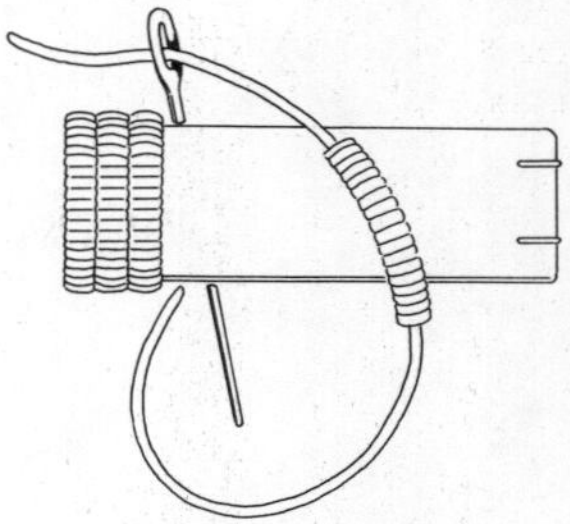

Sprengtechnik
Goldfaden an den Motivkanten mit Garnschlingen festhalten.

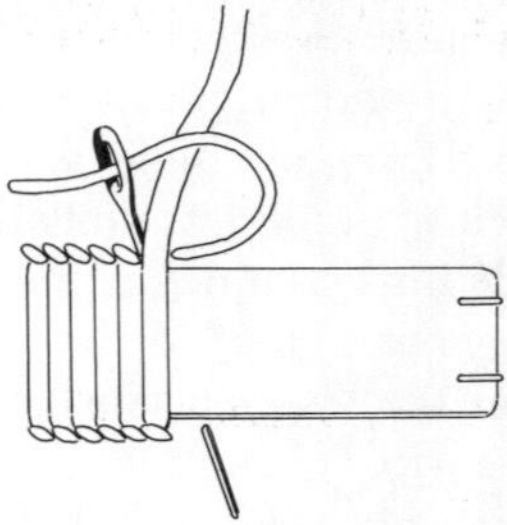

Stechtechnik
Goldfaden wird durch den Grundstoff geführt – Sparstich.

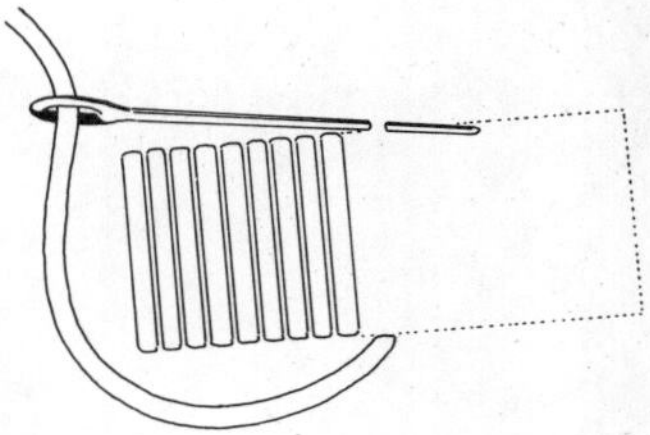

Arbeit mit Perlen und Pailletten

Glitzernde Edelsteine und schimmernde Perlen wurden seit jeher für die Kleidung von Königen und Kaisern verarbeitet. Das nichtadlige Volk konnte sich solchen Schmuck an der Kleidung erst leisten, nachdem Glasperlen diese Zierde erschwinglich machten. Dann allerdings wurden Perlen gerne und reichlich verarbeitet; besonders aus der Zeit des Biedermeier gibt es Beispiele für Perlenbeutel und sogar Babyhäubchen, die mit Perlen verziert sind. Auch Trachtenkleidung ist uns erhalten geblieben, die besonders im Kragenbereich durch Perlenstickerei geziert wird.

Kostbar sind diese Stücke besonders deshalb, weil das Aufstikken der kleinen Stickperlen viel Zeit und Mühe kostet.

Gearbeitet wird meist nach Zählmustern; es lassen sich also alle Vorlagen für Kreuzsticharbeiten gut verwenden.

Befestigt werden die Perlen in der Regel mit einem halben Kreuzstich, der nach dem Aufgreifen der Perle über 2 Gewebekreuze ausgeführt wird.

Arbeitsprobe Perlenstickerei (Bild rechts oben)
T-Shirt in Perlen- und Paillettenstickerei (Bild rechts unten)

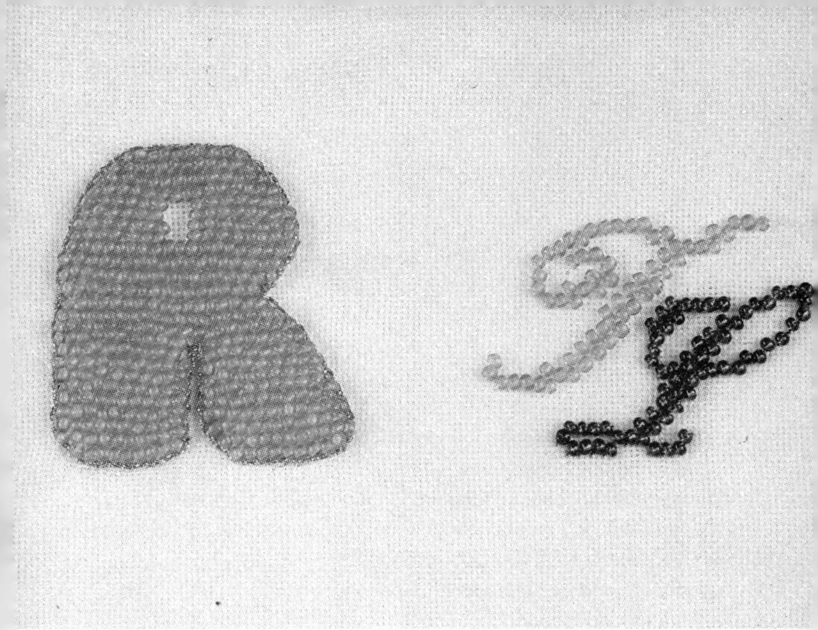
R

MELANIE

Das Aufnähen von Pailletten – kleine Metall- oder Plastikplättchen – ist heute wieder so aktuell wie selten. Im ersten Viertel unseres Jahrhunderts war die Paillettenarbeit schon einmal sehr beliebt; zwischenzeitlich geriet sie fast vollkommen wieder in Vergessenheit.
Es gibt 2 Möglichkeiten, Pailletten aufzubringen. Befestigt man sie mit kleinen Steppstichen, so liegen sie anschließend schuppenartig übereinander und decken dicht den ganzen Stoff. Befestigt man sie mit Hilfe einer kleinen Stickperle, so liegen die Pailletten flach auf dem Stoff und können einzelne Stellen akzentuieren.
Kombiniert man die Paillettenarbeit mit der unter dem Stichwort »Goldstickerei« beschriebenen Kantillestickerei, so spricht man von Flitterarbeit.
Perlen und Pailletten glitzern in Lampenlicht am schönsten. Deshalb wirken sie besonders effektvoll auf Abendkleidung.

Arbeitsanleitung Perlenstickerei
Arbeitsrichtung von links nach rechts
Ausstechen, Perle aufgreifen, über 2 Gewebefädenkreuze schräg nach rechts oben einstechen, senkrecht nach unten 2 Gewebefäden aufgreifen, ausstechen, Perle aufgreifen, . . .

Arbeitsanleitung Paillettenstickerei – Ausführung A –
Arbeitsrichtung von links nach rechts
Ausstechen, Paillette auffädeln, halbe Stichlänge nach rechts zurückstechen, doppelte Stichlänge nach links aufgreifen, Paillette auffädeln, . . .

Arbeitsanleitung Paillettenstickerei – Ausführung B –
Arbeitsrichtung beliebig
Ausstechen, Paillette und Perle auffädeln, durch die Paillettenöffnung zurück dicht neben der Ausstichstelle einstechen, an der nächsten gewünschten Stelle ausstechen, . . .

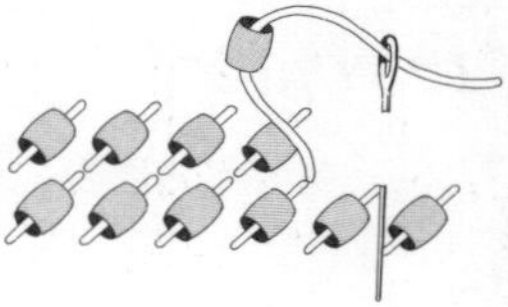

Perlenstickerei

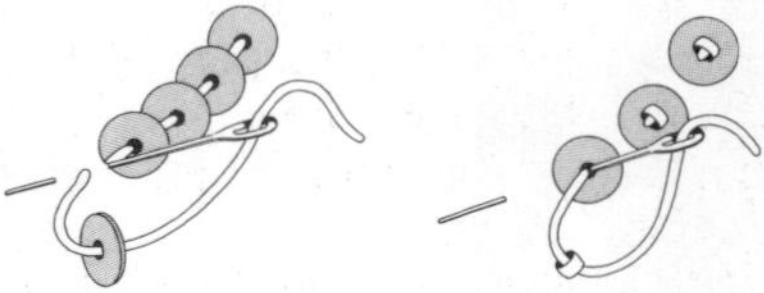

Paillettenstickerei

Sweatshirt mit Paillettenstickerei

Umsetzung in Filethäkelei

Beim Aussticken eines Filetnetzes beruht die Wirkung auf dem Wechsel von offenen und geschlossenen Netzmaschen, wobei die dichten Quadrate des Netzgrunds musterbildend sind. Heute ist die Herstellung eines Filetnetzes jedoch kaum noch bekannt. Häufig wird deshalb die Filethäkelei angewendet, um ähnliche Wirkung zu erzielen.
Während bei der Filetstickerei das Muster in einem 2. Arbeitsgang in den vorher geknüpften Grund gestickt wird, entstehen bei der Filethäkelei Muster und Grund in einem Arbeitsgang. Jeweils 2 Luftmaschen zwischen 2 Stäbchen bilden ein offenes Quadrat, während 2 Stäbchen statt der Luftmaschen das Quadrat füllen. Übertragen werden können alle zählbaren Mustervorlagen, die im übrigen für Kreuzsticharbeiten, für den Holbein- oder Sternstich verwendet werden.
So ist die hier gezeigte Arbeit auch nach einem schon dargestellten Kreuzstichalphabet entstanden.

Handtuch mit Filethäkelei

Maschinenarbeit

Nicht jedem liegt die Ausführung von »Handarbeiten«, was ihn jedoch nicht vor dem Wunsch bewahrt, ein Kleidungsstück oder Wäsche individuell mit einem Buchstaben oder Schriftzug zu zieren.
Wer über eine Nähmaschine verfügt, kann sich – in sehr begrenztem Umfang allerdings – auch damit behelfen. Ein eng eingestellter Zickzackstich ermöglicht bereits die Gestaltung einer Reihe linienhafter Buchstaben, und mit Ziersticheinrichtung kann man flächenbildende Formen ausfüllen. Mit etwas Phantasie sind selbst mit der Maschine kreative Lösungen möglich, die in ihrer Eigenart persönlichen Ausdruck erkennen lassen. Experimente lohnen sich, da sie zu überraschenden Ergebnissen führen können.
Nicht zuletzt allerdings kann die Nähmaschine dazu eingesetzt werden, mit ihren verschiedenen Stichvarianten auch komplizierte Applikationen fest mit dem Grundstoff zu verbinden.

Maschinenarbeit – Applikation (Bild rechts)

B

Autogenes Training zum Wohl der Gesundheit.

Eberlein, Gisela
Gesund durch Autogenes Training
132 Seiten
6 Zeichnungen
7,80 DM
ISBN 3-612-20141-7
ETB 20141

Das Buch
Alltagsstreß, nervöse Störungen an Herz, Kreislauf, Magen und Darm können durch Autogenes Training behoben werden.
Auch bei Schlafstörungen, depressiven Verstimmungen und Angstzuständen hilft Autogenes Training.
Die Autorin zeigt anhand von eindrucksvollen Beispielen aus ihrer Praxis, welche Erfolge sie mit Autogenem Training erzielte, und sie gibt konkrete Anleitungen, wie das Autogene Training von jedermann angewandt werden kann.
Dies ist ein Ratgeber für alle, die sich geistig und körperlich fit halten wollen.

Die Autorin
Dr. med. Gisela Eberlein unterrichtet in eigener Praxis Autogenes Training und leitet außerdem Kurse und Seminare an einer Volkshochschule sowie in Arbeitsgemeinschaften.

Die Wechseljahre: Keine Krankheit, sondern eine Lebensstufe.

van Keep, Pieter A./
Jaszmann, Laszlo
Die Wechseljahre der Frau
139 Seiten
6 Zeichnungen
6,80 DM
ISBN 3-612-20013-5
ETB 20013

Das Buch
Der Übergang von der fruchtbaren in die nächste Lebensperiode ist für Körper und Psyche der Frau mit einschneidenden Veränderungen verbunden. Neben den rein hormonellen Umstellungen des Körpers und Nebenerscheinungen, wie Hitzewallungen, verbunden mit akuten Schweißausbrüchen, Schilddrüsenstörungen, rheumatischen Gelenkveränderungen, hat die Frau häufig mit psychischen Beschwerden, wie Depressionen und starken Schwankungen im Gefühlsleben, zu kämpfen. Dieses Buch zeigt, wie jede Frau diese Beschwerden erfolgreich durch die bewußte Auseinandersetzung mit dieser Lebensphase angehen kann.

Die Autoren
P. A. van Keep und L. Jaszmann, Gynäkologen, haben in diesem Buch wissenschaftlich fundierte Erfahrungen aus der klinischen Arbeit mit Frauen im Klimakterium zusammengestellt.

Sich selbst massieren – kein Problem.

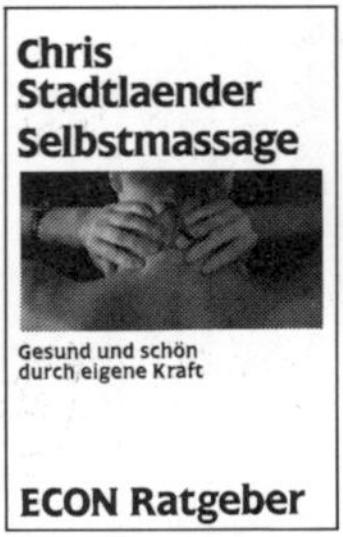

Stadtlaender, Chris
Selbstmassage
– Gesund und schön durch eigene Kraft –
Originalausgabe
160 Seiten
29 Zeichnungen
8,80 DM
ISBN 3-612-20067-4
ETB 20067

Das Buch
Schon die alten Griechen und Römer wußten um den gesundheits- und schönheitsfördernden Wert der Massage, der bis heute feststeht. Massagen sind teuer, auf Krankenschein kann man sich nur bei Krankheit und bei degenerativen Leiden massieren lassen. Um gesund und schön zu bleiben, kann man sich aber auch selbst massieren, wie, das zeigt die Autorin. Nach einer Einführung in die Geschichte der Massage, einer Erläuterung der Heil-, Sport- und Schönheitsmassagen, der Vorsichtsmaßnahmen bei Schmerzen, Entzündungen und Krampfadern beschreibt sie, wie man sich von Kopf bis Fuß selbst massieren kann, welche Griffe man kennen muß und welche selbst hergestellten Kräuteröle man verwenden kann.

Die Autorin
Chris Stadtlaender ist Fachjournalistin für Medizin und Kosmetik. Sie lebt in Wien.

Box dich fit!

Dunkel, C./Schulz, H.
Boxgymnastik für Frauen
Das neue Fitneßprogramm für den ganzen Körper
Originalausgabe
112 Seiten, 102 Fotos
8,80 DM
ISBN 3-612-20149-2
ETB 20149

Das Buch
Bei dieser neuen Gymnastikart kämpfen nicht Frauen gegen Frauen, sondern es ist eine Sportart, die den Körper besser trainiert als Aerobic und Jogging zusammen. Es ist außerdem ein Anti-Aggressions-Programm, das Streß und Ärger abbaut. Die Autorin beschreibt, welche Geräte und Kleidung benötigt werden, wie hoch der finanzielle Aufwand ist und gibt in ausführlichen Schritt-für-Schritt-Übungen zahlreiche Hinweise für richtiges Training, damit die ideale Figur erreicht werden kann.

Die Autorin
Cornelia Dunkel ist seit vielen Jahren Gymnastik- und Sportlehrerin und hat das Box-Training in ihr Lehrprogramm aufgenommen.

Erste Hilfe für Kinder.

Diagram
Soforthilfe für mein Kind
Bei Unfällen und Krankheiten
128 Seiten
200 Zeichnungen
7,80 DM
ISBN 3-612-20115-8
ETB 20115

Das Buch
Wie wäscht man eine Wunde aus? Wie behandelt man Verbrennungen? Wie wird ein Finger verbunden? Was macht man bei Knochenbrüchen? Wie entfernt man einen Splitter? Was gehört in den Erste-Hilfe-Schrank? Was macht man bei Hautinfektionen?
Auf diese und viele andere Fragen gibt das Buch klare Antworten, erklärt durch über 200 Zeichnungen. Es sagt den Eltern, wie sie sich bei Kinderkrankheiten und anderen kindlichen Problemen verhalten sollen, bei Blinddarmreizung und Ohrinfektionen, bei Schock und in vielen anderen Fällen.
Dieses Buch wurde in Zusammenarbeit mit dem Deutschen Roten Kreuz erstellt und ist Begleitbuch in einer ZDF-Fernsehreihe.

Mehr Spaß am Lernen – Mehr Zeit zum Spielen.

Beyer, Günther
So lernen Schüler leichter
– Gedächtnis- und Konzentrationstraining –
128 Seiten, 92 Zeichnungen, 49 Übungen
6,80 DM
ISBN 3-612-20001-1
ETB 20001

Das Buch
Mangelhafte Konzentrationsfähigkeit und schlechtes Gedächtnis sind oft die Ursachen für ungenügende Leistungen in der Schule. Dieses Buch schafft Abhilfe: Kinder zwischen 8 und 15 Jahren erfahren, wie sie mit einfachen Lerntechniken ihr Gedächtnis schulen und ihre Konzentrationsfähigkeit erhöhen können, um besser zu werden, Spaß am schnellen Lernen zu finden und damit mehr Zeit zum Spielen zu haben.
Übungen und Kontrolltests helfen, Können und Leistungen zu steigern.

Der Autor
Günther Beyer ist Gründer des Eltern-Schüler-Förderkreises Nordrhein-Westfalen. Er leitet ein eigenes Institut für Creatives Lernen.
Im ECON-Verlag erschienen seine Ratgeber „Creatives Lernen", „Gedächtnis- und Konzentrationstraining" und „Superwissen durch Alpha-Training".

Die Ängste unserer Kinder.

Eberlein, Gisela
Ängste gesunder Kinder
– Praktische Hilfe bei Lernstörungen –
158 Seiten
7,80 DM
ISBN 3-612-20010-0
ETB 20010

Das Buch
Jedes Kind kämpft mit unbewußten Ängsten, die es in irgendeiner Form hindern, zwanglos fröhlich, aktiv und spontan zu sein. Nervosität, Schlafstörungen, Kontaktschwierigkeiten, ja sogar Asthma, Stottern, Bettnässen sind Folgen dieser Ängste, die durch gezielt angewendete psychologische und pädagogische Entspannungsübungen behoben werden können. Wie, das zeigt dies Buch.

Die Autorin
Dr. med. Gisela Eberlein lehrt in eigener Praxis, in Seminaren und Arbeitsgemeinschaften autogenes Training. Besonders bei Kindern erzielte sie über psychologisch und pädagogisch fundierte Entspannungsmethoden große Erfolge.

Damit der Kindergeburtstag wirklich gelingt.

Kiskalt, Isolde
Wir feiern eine Kinderparty
Spiele, Rezepte, Zaubereien für 4- bis 10jährige
Originalausgabe
128 Seiten
86 Zeichnungen
7,80 DM
ISBN 3-612-20102-6
ETB 20102

Das Buch
Wichtig für eine Kinderparty ist die richtige Vorbereitung. Essen und Trinken, Spiele und Gewinne müssen geplant werden. Dazu findet man in diesem Buch zahlreiche Anregungen und Vorschläge.

Aus dem Inhalt
Vorbereitungen zur Party · Rezepte für Kindergetänke, Gebäck und kleines kaltes Büfett · Bekannte und weniger bekannte Spiele (mit Altersangabe) · Kleine Zaubereien für die Erwachsenen · Zum Ausklang des Festes: eine Tombola.

Die Autorin
Isolde Kiskalt ist Schriftstellerin und bringt hier ihre Erfahrungen, die sie bei Festen für ihre Tochter gewonnen hat.

Naturheilmethoden und heimliche Krankmacher.

Alexander, Maximilian
Die (un)heimlichen Krankmacher
– Erkennen, Heilen, Vorbeugen –
Originalausgabe
144 Seiten
9,80 DM
ISBN 3-612-20039-9
ETB 20039

Das Buch
Die verborgenen Krankheitsursachen sind das große Handicap der konservativen Schulmedizin, die Krankheitssymptome werden mit höchst bedenklichen Mitteln der Chemie unterdrückt.
Die moderne Naturmedizin aber geht auf den Menschen als Ganzes ein und hilft, Störfelder, vergiftete Stoffwechsellagen, Wirbelsäulenveränderungen, nervale Blokkaden, Lymphstauungen, Psychotoxine, Blutdruck, Durchblutungsstörungen, Sauerstoffmangel, Allergien, Wetterfühligkeit und Therapieschäden zu normalisieren. Ein Krankheits- und Heilmittelregister schließt das Buch ab.

Der Autor
Maximilian Alexander arbeitet seit vielen Jahren als freier Journalist und Schriftsteller. Seine Spezialgebiete sind Medizin und Naturheilkunde.

Biomedizin – die natürliche Alternative.

Alexander, Maximilian/Zoubek, Eugen
Schmerzfrei durch Biomedizin
– Neue Naturheilmethoden –
143 Seiten
6,80 DM
ISBN 3-612-20000-3
ETB 20000

Das Buch
Akute und chronische Schmerzzustände sind das Schicksal vieler Menschen und können oft einen Lebensweg beeinflussen und prägen. Die Biomedizin bietet eine natürliche Alternative zu den herkömmlichen Schmerzmitteln.
Wirksame Präparate, auf rein biologischer Basis hergestellt, helfen Schmerzen ohne schädliche Nebenwirkungen überwinden, mobilisieren Eigenkräfte und setzen einen natürlichen Heilungsprozeß in Gang. Anhand zahlreicher Praxisbeispiele zeigen die Autoren, mit welchen Mitteln der modernen Naturmedizin der Mensch Krankheiten und Schmerzen vorbeugen und sich selbst erfolgreich behandeln kann.

Die Autoren
Maximilian Alexander arbeitet seit vielen Jahren als freier Journalist und Schriftsteller. Seine Spezialgebiete sind Medizin und Naturheilkunde.
Eugen Zoubek ist Homöopath und Arzt.

Nie mehr Verstopfung.

Leibold, Gerhard
Gesund und fit durch Ballaststoffe
Originalausgabe
140 Seiten
5 Zeichnungen
7,80 DM
ISBN 3-612-20082-8
ETB 20082

Das Buch
Ballaststoffe sind wichtige Bestandteile der menschlichen Nahrung. Der Autor schildert die Notwendigkeit der Verwendung und die Gefahren für die Gesundheit bei Mangel an Ballaststoffen.

Aus dem Inhalt
Was sind Ballaststoffe? · Natürliche Ballaststoffquellen · Stuhlgang ohne Probleme · Regulierung der Blutfett- und Blutzuckerwerte · Vorbeugung von Krebskrankheiten · Krank durch Ballaststoffmangel · Richtige Ernährung · Rezepte für ballaststoffreiche Ernährung.

Der Autor
Gerhard Leibold ist erfahrener Heilpraktiker und Autor zahlreicher Sachbücher.

Krankheiten erkennen und selbst behandeln.

Bierach, Alfred
Reflexzonentherapie
– Krankheiten erkennen und selbst behandeln –
123 Seiten
89 Zeichnungen
46 Fotos
6,80 DM
ISBN 3-612-20002-X
ETB 20002

Das Buch
Geistige Anspannung und körperliche Verkrampfung führen oft zu Verhärtung oder Knötchen, da von den inneren Organen Reflexbahnen zur Körperdecke laufen, die diese verändern. Durch Reflexzonenmassage kann man über bestimmte Gebiete der Körperdecke auf innere Organe einwirken, Schmerz lindern oder heilen.
Die exakte Bebilderung in diesem Buch zeigt, welche Körperzonen bei welchen Erkrankungen behandelt werden sollen.

Der Autor
Alfred Bierach leitet eine eigene Praxis für Psychotherapie und Naturheilkunde am Bodensee. Seit Jahren wendet er Reflexzonenmassage erfolgreich an.

Primadonna, die man lieben muß.

Eilert-Overbeck, B.
Meine Katze
Verhalten, Ernährung, Pflege
Originalausgabe
140 Seiten
24 Zeichnungen
8,80 DM
ISBN 3-612-20151-4
ETB 20151

Das Buch
Katzen wollen den Familienanschluß, ja sogar die „Gleichberechtigung" von ihrem menschlichen Wohngenossen. Sie können zärtliche Schmusetiere sein, aber sie können auch das Erbe ihrer wilden Verwandten nicht leugnen. In diesem Buch erfährt man alles, was für das Zusammenleben und Verständnis notwendig ist.

Aus dem Inhalt
Die Katze – ein Tier mit Persönlichkeit · Grundvoraussetzungen für die Katzenhaltung · Eine Katze kommt in die Familie · Wohnungskatze oder „Freiläufer" · Ernährung und Pflege · Gesundheit und Geburtenkontrolle · Welche Katze soll es sein?

Die Autorin
Brigitte Eilert-Overbeck ist Journalistin und Autorin mehrerer Katzenbücher.

Das Buch erscheint als Begleitbuch zur ZDF-Serie „Mit Tieren leben".

Das Rauhbein mit der zarten Seele.

Nimz, Arnt-Günter
Mein Hund
Verhalten, Erziehung, Pflege
Originalausgabe
128 Seiten
ca. 30 Zeichnungen
8,80 DM
ISBN 3-612-20150-6
ETB 20150

Das Buch
Hunde sind die treuesten Haustiere, ob es nun Rassehunde oder Mischlinge sind. In diesem Buch wird von einem kompetenten Autor alles das beschrieben, was wichtig ist für das Zusammenleben von Hund und Mensch, sowohl in der Stadt als auch auf dem Land.

Aus dem Inhalt
Welcher Hund ist der richtige? · Kleine Hundepsychologie · Erziehung des Hundes · Richtige Ernährung · Hund und Kind · Der vierbeinige Patient · Mit Hund auf Reisen · Leben mit Hunden.

Der Autor
Dr. med. vet. A.-G. Nimz ist Kleintierarzt mit eigener Praxis und hat jahrelange Erfahrung im Umgang mit Hunden.

Das Buch erscheint als Begleitbuch zur ZDF-Serie „Mit Tieren leben".

Mischlinge haben die besten Charaktere.

Spangenberg, Rolf
Klassehunde ohne Rasse
Freundschaft, die nie enttäuscht
224 Seiten
30 Fotos
9,80 DM
ISBN 3-612-20109-3
ETB 20109

Das Buch
Eine „Promenadenmischung" werden sie oft abfällig genannt, die liebenswerten Hunde, die auf keinen makellosen Stammbaum zurückblicken können. Dabei sind sie besonders kraftvoll, widerstandsfähig und anhänglich.

Aus dem Inhalt
Erwerb · Rassenstolz · Hundeknigge · Körpersignale kultivieren · Stimmklang modulieren · Soziale Stellung betonen · Hundestrafen · Haltung und Pflege · Der erste Tag · Der Alltag · Hundeliebe · Tierquälerei · Tierschutzvereine und Tierheime

Der Autor
Dr. Rolf Spangenberg ist Tierarzt und Sachbuchautor.

Meine ersten eigenen Fische.

Mayland, Hans J.
Aquarium für Anfänger
Beckenarten, Aquarientechnik, Bepflanzung, Fische
Originalausgabe
144 Seiten, 30 Farbfotos, 60 Zeichnungen
9,80 DM
ISBN 3-612-20100-X
ETB 20100

Das Buch
Fische sind nicht nur schön, sie stellen auch ein wahres Nervenelixier dar. Das Aquarium und seine Pflege sind ein Hobby für die ganze Familie. Kinder lernen das Wunder der Fortpflanzung sowie die Liebe zur Kreatur.

Aus dem Inhalt
Welchen Aquarientyp brauchen wir? · Wohin mit dem Aquarium? · Größe und Gewicht eines Aquariums · Keine Angst vor der Technik! · Einrichtung des Beckens · Das Wasser · Über die Bepflanzung · Die Fische · Fütterung · Aquarienmedizin

Der Autor
Hans J. Mayland ist der bekannteste deutsche Aquaristik-Autor.

AIDS wurde zum Schrecken der Welt.

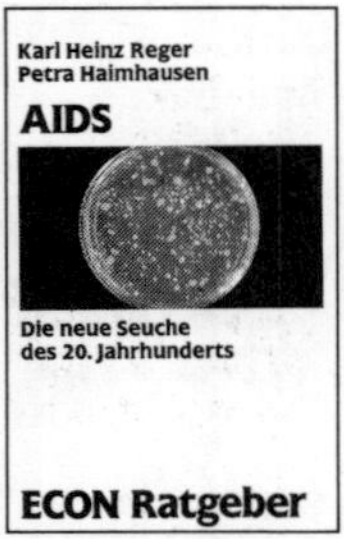

Reger, Karl Heinz/
Haimhausen, Petra
AIDS
– Die neue Seuche des 20. Jahrhunderts –
134 Seiten
8,80 DM
ISBN 3-612-20084-4
ETB 20084

Das Buch
Dieses Buch soll Aufklärung schaffen, es offenbart alles, was heute über diese verhängnisvolle Krankheit und ihre Entstehung bekannt ist.

Aus dem Inhalt
Fünf Schicksale, die am Beginn einer neuen Epidemie stehen · So kann AIDS entstehen · Wie AIDS in den Körper gelangt · Krankheitserreger, die für AIDS-Kranke tödlich sein können · Was Ärzte heute gegen AIDS tun können · Wie AIDS-Gefährdete sich schützen können.

Die Autoren
Karl Heinz Reger ist Journalist und Sachbuchautor medizinischer Themen.
Dr. med. Petra Haimhausen ist Ärztin.

Jeder 5. Deutsche reagiert allergisch.

Ulrich, Wolf
Allergien sind heilbar
– Hilfe bei Heuschnupfen und anderen allergischen Krankheiten –
159 Seiten
14 Zeichnungen
8,80 DM
ISBN 3-612-20023-2
ETB 20023

Das Buch
Tränende Augen, Schnupfnase, geschwollene Schleimhäute oder absinkender Blutdruck sind typische Symptome für Allergien, die ausgelöst werden können durch Pilzsporen oder Pollen, durch Medikamente, Mehl, verschiedene Fasern, Milch, Obst, Fisch oder Eier. Beschrieben wird, welche Krankheitsbilder mit welchen Symptomen allergisch bedingt sind, welche Diagnosemethoden es gibt, welche Vor- und Nachteile sie haben und wie Allergien behandelt werden können.

Der Autor
Dr. med. Wolf Ulrich ist Medizinjournalist und Verfasser anderer Bücher. Im ECON-Verlag erschienen seine Ratgeber „Schmerzfrei durch Akupressur und Akupunktur", „Zellulitis ist heilbar" und „Haare pflegen und erhalten".

Rheuma: Die Geißel Nummer 1.

Alexander, Maximilian
Rheuma ist heilbar
– Neueste Naturheilmethoden –
142 Seiten
7,80 DM
ISBN 3-612-20017-8
ETB 20017

Das Buch
Mindestens vier Prozent der Menschheit ist an Rheuma erkrankt. Die herkömmliche Medizin hat diese Krankheit mit ihren verheerenden Folgen für Patient, Staat und Volkswirtschaft nicht in den Griff bekommen können.
In diesem Buch werden hochwirksame Naturheilmethoden gegen den gesamten Rheumakomplex dargestellt. Bei konsequenter Anwendung kann mit Naturheilmitteln dieses Leiden gelindert werden, eine neue Hoffnung besteht zurecht.

Der Autor
Maximilian Alexander arbeitet seit vielen Jahren als Medizin-Journalist.

Jede dritte Frau leidet unter Orangenhaut.

Ulrich, Wolf
Zellulitis ist heilbar
– Orangenhaut vorbeugen und selbst behandeln –
128 Seiten
51 Fotos
6,80 DM
ISBN 3-612-20012-7
ETB 20012

Das Buch
Zellulitis ist heilbar! Der Autor erklärt, wie Zellulitis entsteht, und schildert, wie man Zellulitis erfolgreich vorbeugen kann und sie heilt. Er entwickelte ein mehrstufiges Anti-Zellulitis-Programm, mit dem er durch Lebensführung, richtige Ernährung, Sport und Gymnastik, Massage, Medikamente und viel Geduld in zehn Wochen diese häßliche Krankheit heilen kann. 51 Fotos erläutern sein Programm und erleichtern dem Leser, es alleine durchzuführen.

Der Autor
Dr. med. Wolf Ulrich ist Facharzt für Hautkrankheiten.

Bewußter leben und erleben.

Marie-Luise Stangl

Jede Minute sinnvoll leben

Vertrauen zu sich selbst gewinnen

ECON Ratgeber

Stangl, Marie-Luise
Jede Minute sinnvoll leben
– Vertrauen zu sich selbst gewinnen –
123 Seiten
5,80 DM
ISBN 3-612-20015-1
ETB 20015

Das Buch
Eine der besten Kennerinnen der alten chinesisch-japanischen Weisheiten des Zen-Buddhismus verhilft dem Leser – von der Hausfrau bis hin zum Top-Manager – zu einem neuen Verständnis seiner selbst. Sie beschreibt, wie man durch Bewußtwerdung ganz alltäglicher Tätigkeiten und Verrichtungen – wie Gehen, Stehen, Laufen, Essen, Arbeiten – sein Leben und seine Persönlichkeit eindringlicher und bejahender erlebt und erfaßt, wie man sich von Angst, Zerrissenheit, Selbstentfremdung und aus innerer Einsamkeit löst und dadurch neue Lebenskraft schöpft.

Die Autorin
Marie-Luise Stangl leitet im Odenwald, zusammen mit ihrem Mann Dr. Anton Stangl, seit vielen Jahren Seminare zur Persönlichkeitsbildung durch Entspannungstechniken.

Der Weg zum inneren Reich.

Bernhard Müller-Elmau

Kräfte aus der Stille

Die transzendentale Meditation

ECON Ratgeber

Müller-Elmau, Bernhard
Kräfte aus der Stille
– Die transzendentale Meditation –
191 Seiten
7,80 DM
ISBN 3-612-20021-6
ETB 20021

Das Buch
Ohne Bewußtsein könnten wir nichts von unserem Dasein als Mensch wissen. Transzendentale Meditation führt den Menschen wieder in die Bereiche des Seelisch-Geistigen zurück und erschließt ihm sein inneres Reich und ein Bewußtsein, in dem Liebe, Glück und Würde ihren angestammten Platz einnehmen können.

Der Autor
Bernhard Müller-Elmau leitet Schloß Elmau am Wetterstein, das sein Vater als Stätte geistiger Erholung geschaffen hat. Er beschäftigt sich seit vielen Jahren mit Transzendentaler Meditation. Während eines Studienaufenthaltes in Indien traf er Maharishi Mahesh Yogi, der dies erste deutsche Buch über Transzendentaler Meditation gut geheißen hat.

Wir sind alle auf demselben Weg.

Marie-Luise Stangl

Die Welt der Chakren

Praktische Übungen zur Seins-Erfahrung

ECON Ratgeber

Stangl, Marie-Luise
Die Welt der Chakren
– Praktische Übungen zur Seins-Erfahrung –
Originalausgabe
107 Seiten
49 Zeichnungen
5,80 DM
ISBN 3-612-20022-4
ETB 20022

Das Buch
Die Lehre von den Chakren – eine indische Lehre – handelt von den menschlichen Kraftzentren, den Zentren, in denen der Mensch die Schwingungen seiner Lebensenergie oder Lebenskraft aus dem Kosmos, der unmerklichen Quelle seines Seins aufnimmt. Dieses Buch soll dem Leser helfen, bewußter zu leben, sein Denken und Fühlen im Hier und Jetzt zu zentrieren, sich zu entspannen, Zuversicht, Vertrauen, Frieden und Liebe zu finden.

Die Autorin
Marie-Luise Stangl ist Entspannungspädagogin. Sie leitet seit vielen Jahren, zusammen mit ihrem Mann Dr. Anton Stangl, Seminare zur Selbsterfahrung und Selbstverwirklichung durch Eutonie und Zen.

Schlank im Schlaf.

Alfred Bierach

Schlank im Schlaf durch vertiefte Entspannung

Die SIS-Methode

ECON Ratgeber

Bierach, Alfred
Schlank im Schlaf durch vertiefte Entspannung
– Die SIS-Methode –
144 Seiten, 1 Grafik
6,80 DM
ISBN 3-612-20008-9
ETB 20008

Das Buch
Durch vertiefte Entspannung im Schlaf schlank werden, dies ist eine neue Methode, die all jenen zu empfehlen ist, die ohne Mühe schlank werden und endlich wieder ihr Normalgewicht erreichen wollen. Im Zustand tiefster Entspannung suggeriert der Mensch seinem Unterbewußtsein ein verändertes Ernährungsprinzip und kann so bei Bewußtsein mühelos den neuen Weg einhalten. Eine wissenschaftliche und praxiserprobte Methode, die in psychosomatischen Kliniken angewandt wird.

Der Autor
Dr. Alfred Bierach, Psychotherapeut und Naturheilkundler, ist in eigener Praxis am Bodensee tätig. Mit der SIS-Methode hat er vielen Patienten geholfen, schlank zu werden.

Das Standardwerk der biologischen Küche.

Danner, Helma
Biologisch kochen und backen
– Das Rezeptbuch der natürlichen Ernährung –
288 Seiten, 8 Farbtafeln, 425 Rezepte
14,80 DM
ISBN 3-612-20003-8
ETB 20003

Das Buch
Natürliche Ernährung ist nicht nur gesund, sondern auch wohlschmeckend, durch sie können Krankheiten geheilt, gelindert und verhindert werden: Karies, Paradontose, Erkrankung des Bewegungsapparates, Zuckerkrankheit, Leber-, Gallen-, Nierenerkrankungen, Beschwerden der Verdauungsorgane, Gefäßerkrankungen u. v. a. m. Naturbelassene Ernährung bringt dem Menschen neuen Schwung, Elastizität, Ausdauer und hohe Konzentrationsfähigkeit, sie erhält ihn gesund und schlank.
Die Rezepte in diesem Buch sind praxiserprobt.

Die Autorin
Helma Danner ist Gesundheitsberaterin.
Sie beschäftigt sich seit vielen Jahren mit der wissenschaftlichen und Laienliteratur auf dem Ernährungssektor, mit neuesten und alten Gesundheits- und Kochbüchern.

Gesunde Ernährung für körperliches und seelisches Wohl.

Dörner, Ilse Sibylle
Das grüne Kochbuch
– Handbuch der naturbelassenen Küche –
270 Seiten
20 Zeichnungen
382 Rezepte
12,80 DM
ISBN 3-612-20026-7
ETB 20026

Das Buch
Das Handbuch der naturbelassenen Küche beweist mit über 380 Rezepten, daß man gesund leben und trotzdem köstlich essen kann.
Modernes Kochen mit frischen und gesunden Lebensmitteln, die schonend, selbst für schmackhafte Speisen, verarbeitet werden – unter dieser Maxime steht das grüne Kochbuch mit seinen vielen praxiserprobten Rezepten, Anleitungen, Tips und Ratschlägen zur naturbelassenen Küche. Es zeigt aber auch, daß Kochen nicht erst am Herd beginnt: Joghurt und Käse, Gemüse und Kräuter aus eigener Produktion bereichern jeden Tisch.

Die Autorin
Ilse Sibylle Dörner schreibt als freie Journalistin u. a. für die Zeitschrift „Feinschmecker". Sie ist Autorin mehrerer Kochbücher.

Endlich! Die Diät, die Spaß macht.

Dörner, Ilse Sibylle
Diät mit Bio-Kost
– Schlank, gesund und fit –
Originalausgabe
189 Seiten
16 Zeichnungen
232 Rezepte
9,80 DM
ISBN 3-612-20019-4
ETB 20019

Das Buch
Bio-Diät ist eine neue, gesunde Möglichkeit, schlank zu werden und schlank zu bleiben. Köstliche Rezepte, eine Einführung in die Kräuter- und Keimlingszucht, Bio-Kosmetik und Bio-Medizin verleiten den Leser, sofort anzufangen und ohne Qual und zeitliche Begrenzung seinem Körper etwas Gutes zu tun, ihn schlank und fit zu halten.

Die Autorin
Ilse Sibylle Dörner schreibt als freie Journalistin u. a. für die Zeitschrift „Feinschmecker". Sie ist Autorin mehrerer Kochbücher, u.a. „Das grüne Kochbuch", ein Standardwerk für die alternative Küche.

Schnäpse und Liköre – Auch ein Stück Gesundheit?

Buss, Katharina
Leib- u. Magenelixiere
– Selbstgemachte Liköre u. Schnäpse –
Originalausgabe
144 Seiten
30 Zeichnungen
4 Farbtaf., 167 Rezepte
8,80 DM
ISBN 3-612-20018-6
ETB 20018

Das Buch
Äbte, Padres und Nonnen durften keinen Alkohol zu sich nehmen, und doch haben sie die besten Rezepte für die Zubereitung von Kräuterlikören und Schnäpsen zusammengestellt.
Viele der alten Klostertränke sind hier in etwa 200 Rezepten aufgenommen. Für jeden Geschmack und für die Gesundheit obendrein ist etwas dabei. Eine Tabelle über die Reifezeiten von Früchten und Kräutern erleichtern die jährliche Planung der eigenen Herstellung.

Die Autorin
Katharina Buss ist Lebensmitteljournalistin, sie schreibt u. a. für den „Feinschmecker". Die Rezepte hat sie selbst ausprobiert.

Gesundheit

Maximilian Alexander
Die (un)heimlichen Krankmacher
Vorbeugen, erkennen, heilen

ECON Ratgeber

ETB 20039 **DM 9,80**
Originalausgabe,
144 Seiten

Wolf Ulrich
Allergien sind heilbar
Hilfe bei Heuschnupfen und anderen allergischen Krankheiten

ECON Ratgeber

ETB 20023 **DM 8,80**
159 Seiten,
14 Zeichnungen

Maximilian Alexander
Rheuma ist heilbar
Neueste Naturheilmethoden

ECON Ratgeber

ETB 20017 **DM 7,80**
142 Seiten

Bernard A. Bäker
Gelenkerkrankungen

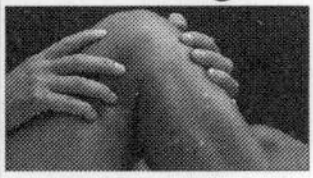

Arthritis, Arthrose, Gelenkrheuma

ECON Ratgeber

ETB 20080 **DM 8,80**
141 Seiten,
57 Zeichnungen,
12 Fotos

Gerhard Leibold
Das Kreuz mit dem Kreuz

Bandscheibenschäden vorbeugen und heilen

ECON Ratgeber

ETB 20133 **DM 7,80**
Originalausgabe,
ca. 144 Seiten,
15 Zeichnungen

Bernard A. Bäker
Migräne und Kopfschmerzen sind heilbar

ECON Ratgeber

ETB 20063 **DM 7,80**
115 Seiten,
6 Zeichnungen

Werner Zenker
Mit Asthma leben lernen

ECON Ratgeber

ETB 20049 **DM 7,80**
Originalausgabe,
173 Seiten

Werner Zenker
Mein Kind hat Asthma

ECON Ratgeber

ETB 20037 **DM 9,80**
Originalausgabe,
202 Seiten

Martin Schwartz
Stottern ist heilbar

Erfolgreiche Behandlungsmethoden

ECON Ratgeber

ETB 20057 **DM 7,80**
176 Seiten

Gerhard Leibold
Die Schilddrüse

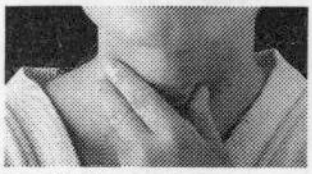

Krankheiten vorbeugen und behandeln

ECON Ratgeber

ETB 20106 **DM 7,80**
Originalausgabe,
ca. 128 Seiten,
4 Zeichnungen

Bernard A. Bäker
Brustkrebs

Vorbeugen, erkennen, handeln

ECON Ratgeber

ETB 20107 **DM 8,80**
Originalausgabe,
ca. 176 Seiten,
Zeichnungen

Gerhard Leibold
Risikofaktor Cholesterin

Erkennen und vorbeugen

ECON Ratgeber

ETB 20083 **DM 7,80**
Originalausgabe,
138 Seiten, 5 Zeichnungen

Michael Eisenberg
Magenkrank?

Behandlung und Heilung

ECON Ratgeber

ETB 20068 **DM 8,80**
159 Seiten,
14 Zeichnungen

Angela Kilmartin
Blasenentzündung

Vorbeugen und selbst behandeln

ECON Ratgeber

ETB 20072 **DM 8,80**
164 Seiten,
18 Zeichnungen

Wolf Ulrich
Zellulitis ist heilbar
Orangenhaut – vorbeugen und selbst behandeln

ECON Ratgeber

ETB 20012 **DM 6,80**
128 Seiten,
61 Fotos

P. van Keep/L. Jaszmann
Die Wechseljahre der Frau

ECON Ratgeber

ETB 20013 **DM 6,80**
139 Seiten,
6 Zeichnungen

Karl Heinz Reger
Sibylle Reger-Nowy
Herpes
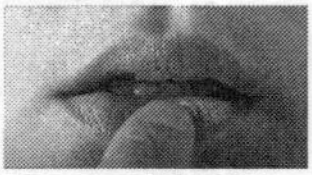
Erkennen und behandeln
ECON Ratgeber

ETB 20096 **DM 8,80**
Aktualisierte und erweiterte Neuausgabe,
160 S., 16 Zeichnungen, 8 Fotos

Karl Heinz Reger
Petra Haimhausen
AIDS
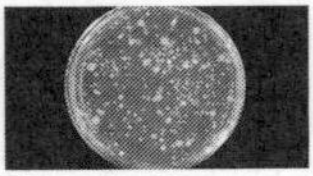
Die neue Seuche des 20. Jahrhunderts
ECON Ratgeber

ETB 20084 **DM 8,80**
Aktualisierte und erweiterte Neuausgabe,
134 Seiten

Rainer Haun
Der mündige Patient

Vom kritischen Umgang mit Ärzten
ECON Ratgeber

ETB 20078 **DM 9,80**
222 Seiten

Donald Vickery
James F. Fries
Zum Arzt – oder nicht?
Krankheiten erkennen und das Richtige tun
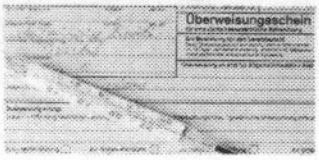

ECON Ratgeber

ETB 20007 **DM 12,80**
304 Seiten,
67 Graphiken

Diagram
Soforthilfe für mein Kind

Bei Unfällen und Krankheiten
ECON Ratgeber

ETB 20115 **DM 7,80**
Deutsche Erstausgabe,
128 Seiten,
200 Zeichnungen

Maximilian Alexander
Eugen Zoubek
Schmerzfrei durch Biomedizin
Neue Naturheilmethoden

ECON Ratgeber

ETB 20000 **DM 6,80**
143 Seiten

Gerhard Jäger
Die beste Medizin
Möglichkeiten der Naturheilmittel

ECON Ratgeber

ETB 20027 **DM 7,80**
142 Seiten,
9 Zeichnungen

Ulrich Rückert
Gesund ohne Pillen

Naturheilmittel für Jedermann
ECON Ratgeber

ETB 20071 **DM 9,80**
Originalausgabe,
207 Seiten,
23 Zeichnungen

Anton Stangl
Heilen aus geistiger Kraft
Zur Aktivierung innerer Energien

ECON Ratgeber

ETB 20029 **DM 6,80**
143 Seiten

Marie-Luise und Anton Stangl
Hoffnung auf Heilung
Seelisches Gleichgewicht bei schwerer Krankheit

ECON Ratgeber

ETB 20035 **DM 9,80**
Originalausgabe,
234 Seiten

Natalie Rogers
Schluß mit der Erschöpfung

ECON Ratgeber

ETB 20058 **DM 7,80**
Deutsche Erstausgabe,
141 Seiten

Gerhard Leibold
Gesund und fit durch Ballaststoffe

ECON Ratgeber

ETB 20082 **DM 7,80**
Originalausgabe,
140 Seiten,
5 Zeichnungen

Hans A. Bloss
Bewegung tut not

Ein Programm für Sportmuffel
ECON Ratgeber

ETB 20145 **DM 9,80**
Originalausgabe,
ca. 160 Seiten,
20 Zeichnungen

Ute Busch
Karl-Gustav Gies
Nils Waegner
Heilschwimmen
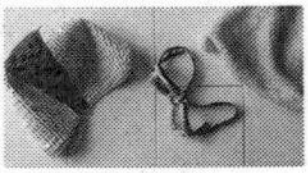
Gesundheitstraining für jung und alt
ECON Ratgeber

ETB 20097 **DM 9,80**
Originalausgabe,
ca. 208 Seiten

Gerhard Jäger
Wasser wirkt Wunder
Natürliche Heilmethoden

ECON Ratgeber

ETB 20006 **DM 6,80**
159 Seiten,
26 Fotos

A. Werner
Wege weg vom Alkohol

ECON Ratgeber

ETB 20075 **DM 9,80**
Originalausgabe,
215 Seiten

Hans Ewald
Akupressur für Jeden

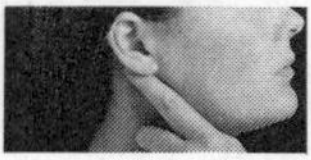

ECON Ratgeber

ETB 20020 **DM 6,80**
111 Seiten,
41 Zeichnungen,
55 Fotos

Hans Ewald
Akupunktur für Jeden
Eine Anleitung in Bildern

ECON Ratgeber

ETB 20005 **DM 6,80**
112 Seiten,
35 Zeichnungen,
43 Fotos

Alfred Bierach
Reflexzonentherapie
Krankheiten erkennen und selbst behandeln

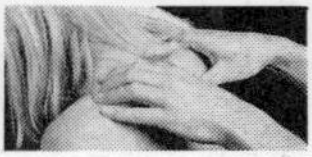

ECON Ratgeber

ETB 20002 **DM 6,80**
123 Seiten,
89 Zeichnungen,
46 Fotos

Chris Stadtlaender
Selbstmassage

Gesund und schön durch eigene Kraft

ECON Ratgeber

ETB 20067 **DM 8,80**
Originalausgabe,
160 Seiten,
29 Zeichnungen

Yukiko Irwin
Shiatzu

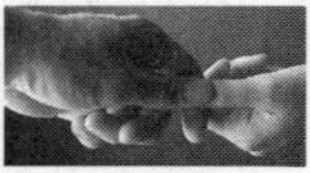

Mit 10 Fingern gegen 1000 Krankheiten

ECON Ratgeber

ETB 20140 **DM 9,80**
160 Seiten,
177 Zeichnungen

Hartmut Weiss
Yoga Meditation
Schulung zur Selbstverwirklichung

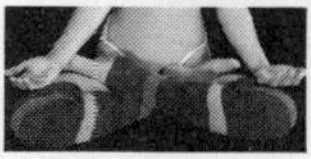

ECON Ratgeber

ETB 20030 **DM 5,80**
126 Seiten,
36 Zeichnungen

Stella Weller
Natürliche Geburt durch Yoga

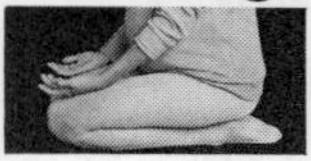

ECON Ratgeber

ETB 20014 **DM 7,80**
160 Seiten,
64 Fotos

Gisela Eberlein
Gesund durch Autogenes Training

ECON Ratgeber

ETB 20141 **DM 7,80**
132 Seiten,
6 Zeichnungen

Gisela Eberlein
Autogenes Training mit Kindern

ECON Ratgeber

ETB 20004 **DM 6,80**
112 Seiten

Gisela Eberlein
Autogenes Training mit Jugendlichen

Ziel, Sinn, Praxis

ECON Ratgeber

ETB 20061 **DM 7,80**
126 Seiten

Gisela Eberlein
Autogenes Training für Fortgeschrittene

ECON Ratgeber

ETB 20098 **DM 7,80**
120 Seiten

Cornelia Dunkel
H. Schulz
Boxgymnastik für Frauen

Das neue Fitneßprogramm für den ganzen Körper

ECON Ratgeber

ETB 20149 **DM 8,80**
Originalausgabe,
112 Seiten,
102 Fotos

Frieder Anders
Tai Chi Chuan

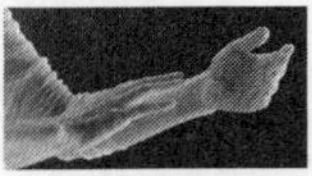

Meditation in Bewegung zur Steigerung des Körpergefühls und zur Festigung der Gesundheit

ECON Ratgeber

ETB 20065 **DM 9,80**
155 Seiten,
217 Fotos,
5 Zeichnungen

Chris Stadtlaender
Natürlich schön durch Bio-Kosmetik

ECON Ratgeber

ETB 20025 **DM 9,80**
174 Seiten, 16 Zeichnungen,
5 Farbfotos,
253 Rezepte

Essen und Trinken

Ilse Sibylle Dörner
Das grüne Kochbuch
Handbuch der naturbelassenen Küche

ECON Ratgeber

ETB 20026 **DM 12,80**
270 Seiten,
20 Zeichnungen,
382 Rezepte

Helma Danner
Biologisch kochen und backen
Das Rezeptbuch der natürlichen Ernährung

ECON Ratgeber

ETB 20003 **DM 14,80**
288 Seiten,
8 Farbtafeln,
425 Rezepte

Ilse Sibylle Dörner
Diät mit Bio-Kost
Schlank, gesund und fit

ECON Ratgeber

ETB 20019 **DM 9,80**
Originalausgabe,
189 Seiten, 16 Zeichnungen,
232 Rezepte

Helma Danner
Bio-Kost für mein Kind

ECON Ratgeber

ETB 20050 **DM 8,80**
160 Seiten,
20 Zeichnungen

Anneliese und Gerhard Eckert
Selbst räuchern

Fische, Fleisch und Wurst ... Rezepte
ECON Ratgeber

ETB 20087 **DM 9,80**
Originalausgabe,
144 Seiten,
Zeichnungen

Veronika Müller
Käse und Joghurt selbst herstellen

Mit 100 Rezepten zum Kochen
Originalausgabe
ECON Ratgeber

ETB 20136 **DM 8,80**
Originalausgabe,
ca. 128 Seiten,
20 Zeichnungen

Heidemarie Freund
Marmeladen, Konfitüren und Gelees

150 Rezepte
Originalausgabe
ECON Ratgeber

ETB 20144 **DM 9,80**
Originalausgabe,
ca. 128 Seiten,
Zeichnungen

Ilse Sibylle Dörner
Kochen und heilen mit Honig

ECON Ratgeber

ETB 20070 **DM 9,80**
221 Seiten,
15 Zeichnungen,
516 Rezepte

Peter Espe
Tips für den Weinkauf

Band 1: Das Grundwissen
ECON Ratgeber

ETB 20148 **DM 8,80**
168 Seiten,
20 Zeichnungen

Katharina Buss
Leib- und Magen-elixiere
Selbstgemachte Liköre und Schnäpse

ECON Ratgeber

ETB 20018 **DM 8,80**
Originalausgabe,
144 Seiten, 30 Zeichnungen,
4 Farbtafeln, 167 Rezepte

Peter C. Hubschmid
Tee – für Kenner und Genießer

Ein Brevier mit 40 Teerezepten
ECON Ratgeber

ETB 20073 **DM 8,80**
Originalausgabe,
144 Seiten,
20 Zeichnungen

Gini Rock
Aus der Bohne wird Kaffee
80 Rezepte zur Zubereitung eines klassischen Getränks

ECON Ratgeber

ETB 20048 **DM 8,80**
Originalausgabe,
168 Seiten,
37 Abbildungen

Natur

Heidrun und Friedrich Jantzen
Das Gartenjahr im Gemüsegarten

ECON Ratgeber

ETB 20108 **DM 9,80**
Originalausgabe,
ca. 128 Seiten,
ca. 100 Zeichnungen und Fotos

Ina Jung
Biologisch düngen

Gesunder Boden, weniger Schadstoffbelastung, mehr Ertrag
ECON Ratgeber

ETB 20134 **DM 9,80**
Originalausgabe,
ca. 128 Seiten,
ca. 50 Zeichnungen

Ina Jung

Der ökologische Wassergarten

Ein Biotop im Garten

ECON Ratgeber

ETB 20142 **DM 9,80**
Originalausgabe,
ca. 144 Seiten,
ca. 50 Zeichnungen

Ina Jung

Der Ökogarten für Kinder

Natur verstehen auf kleinstem Raum

ECON Ratgeber

ETB 20099 **DM 9,80**
Originalausgabe,
128 Seiten,
50 Zeichnungen

Gustav Schoser

Pflanzen überwintern

Immergrüne und laubabwerfende Gehölze, krautige Pflanzen

Originalausgabe

ECON Ratgeber

ETB 20085 **DM 9,80**
Originalausgabe,
ca. 144 Seiten,
ca. 50 Zeichnungen

Gustav Schoser

Zimmerpflanzen unter Kunstlicht

ECON Ratgeber

ETB 20116 **DM 9,80**
Originalausgabe,
ca. 144 Seiten, 4 Farbtafeln,
30 Fotos und Zeichnungen

Katharina Buss

Der Nutzgarten im Blumentopf

Kräuter und Gemüse statt Zierpflanzen

ECON Ratgeber

ETB 20059 **DM 9,80**
205 Seiten,
66 Zeichnungen

Brigitte Eilert-Overbeck

Meine Katze

Verhalten, Ernährung, Pflege

Begleitbuch zur ZDF-Serie »Mit Tieren leben«

ECON Ratgeber

ETB 20151 **DM 8,80**
Originalausgabe,
140 Seiten,
24 Zeichnungen

Arnt-Günter Nimz

Mein Hund

Verhalten, Erziehung, Pflege

Begleitbuch zur ZDF-Serie »Mit Tieren leben«

ECON Ratgeber

ETB 20150 **DM 8,80**
Originalausgabe,
128 Seiten,
ca. 30 Zeichnungen

Udo B. Brumpreiksz

Mein Dackel

Pflege, Ernährung, Krankheiten

ECON Ratgeber

ETB 20086 **DM 8,80**
Originalausgabe,
ca. 144 Seiten,
ca. 30 Abbildungen

Rolf Spangenberg

Klassehunde ohne Rasse

Freundschaft, die nie enttäuscht

ECON Ratgeber

ETB 20109 **DM 9,80**
224 Seiten,
30 Fotos

Horst Schall

Mein Kaninchen

Herkunft, Verhalten, Pflege

Begleitbuch zur ZDF-Serie »Mit Tieren leben«

Originalausgabe

ECON Ratgeber

ETB 20135 **DM 8,80**
Originalausgabe,
ca. 160 Seiten,
30 Fotos und Zeichnungen

Hans J. Mayland

Aquarium für Anfänger

Beckenarten, Aquarientechnik, Bepflanzung, Fische

ECON Ratgeber

ETB 20100 **DM 9,80**
Originalausgabe,
144 Seiten,
30 Farbfotos, 60 Zeichnungen

Gaby Karmann
Detlef Ost

Naturheilkunde für Katzen

ECON Ratgeber

ETB 20077 **DM 7,80**
Originalausgabe,
96 Seiten,
21 Zeichnungen

I. Ghosh

Naturheilkunde für Hunde

ECON Ratgeber

ETB 20076 **DM 7,80**
Originalausgabe,
120 Seiten,
14 Zeichnungen

Walter Salomon

Naturheilkunde für Pferde

ECON Ratgeber

ETB 20117 **DM 9,80**
Originalausgabe,
ca. 208 Seiten,
40 Fotos und Zeichnungen

Marga Drossard
Ursula Letschert

Naturheilkunde für Kleintiere

ECON Ratgeber

ETB 20118 **DM 9,80**
Originalausgabe,
ca. 160 Seiten,
ca. 40 Zeichnungen

Hobby

Heidemarie Freund
Schöne Geschenke selbst gebastelt

Originalausgabe

ECON Ratgeber

ETB 20088 **DM 8,80**
Originalausgabe,
112 Seiten,
ca. 70 Zeichnungen

Heidemarie Freund
Basteln mit Kindern

Zauberhafte Ideen für 4- bis 10jährige

Originalausgabe

ECON Ratgeber

ETB 20101 **DM 8,80**
Originalausgabe,
112 Seiten,
ca. 70 Zeichnungen

Christel Keller
Seidenmalerei

ECON Ratgeber

ETB 20137 **DM 14,80**
Originalausgabe,
112 Seiten,
ca. 30 Fotos, 16 Farbtafeln

Eva Gabisch
Chinesische Malerei
Anleitung für ein schöpferisches Hobby

ECON Ratgeber

ETB 20011 **DM 5,80**
95 Seiten,
3 Farbtafeln,
70 Zeichnungen

Annette Arnold
Kerzen und Figuren aus Bienenwachs

Anleitung zum Selbermachen

ECON Ratgeber

ETB 20110 **DM 9,80**
Originalausgabe,
128 Seiten,
ca. 50 Fotos und Zeichnungen

Edda Biesterfeld
Kleine Kunst auf weißem Gold
Ein Kurs zum Erlernen der Porzellanmalerei

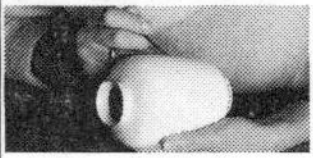

ECON Ratgeber

ETB 20009 **DM 8,80**
157 Seiten,
16 Farbfotos,
80 Zeichnungen

Dieter Heitmann
Holz - das natürlichste Spielzeug der Welt
Ideen zum Selbermachen

ECON Ratgeber

ETB 20034 **DM 12,80**
122 Seiten,
68 Fotos, 13 Farbfotos,
100 Zeichnungen

Klaus Oberbeil
Kaufen und verkaufen auf dem Flohmarkt

ECON Ratgeber

ETB 20079 **DM 8,80**
Originalausgabe,
160 Seiten

Heiner Vogelsang
Trödel sammeln und restaurieren
1000 Tips für den Umgang mit alten Stücken

ECON Ratgeber

ETB 20042 **DM 12,80**
Originalausgabe,
174 Seiten, 8 Farbtafeln,
36 Zeichnungen

Helmut-Maria Glogger
Kunst und Antiquitäten sachkundig kaufen

ECON Ratgeber

ETB 20089 **DM 14,80**
Originalausgabe,
ca. 180 Seiten,
ca. 40 Zeichnungen

Siegfried Sterner
Hausmusik
Vergnügen in Dur und Moll

ECON Ratgeber

ETB 20036 **DM 9,80**
187 Seiten,
31 Zeichnungen

Spiele und Unterhaltung

H. Otake
S. Futakuchi
Go

Das Einführungsbuch des Deutschen Go-Bundes

ECON Ratgeber

ETB 20103 **DM 9,80**
Deutsche Erstausgabe,
200 Seiten,
250 Diagramme

Alfred Schwarz
Backgammon

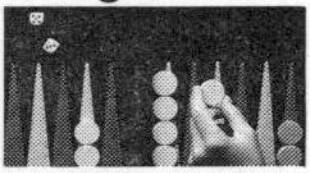

Das offizielle Regelbuch des Deutschen Backgammon-Bundes

ECON Ratgeber

ETB 20112 **DM 9,80**
Originalausgabe,
ca. 128 Seiten,
116 Zeichnungen

Ruth Dirx
Kinderspiele von Januar bis Dezember
Unterhaltung für Mädchen, Jungen und Eltern

ECON Ratgeber

ETB 20032 **DM 7,80**
175 Seiten,
55 Zeichnungen,
198 Spielideen

Isolde Kiskalt

Wir feiern eine Kinderparty

Spiele, Rezepte, Zaubereien für 4- bis 10jährige

ECON Ratgeber

ETB 20102 **DM 7,80**
Originalausgabe,
128 Seiten,
86 Zeichnungen

Martin Weghorn

1000 Fragen zur Umwelt

Ein Quizbuch für Wissen und Unterhaltung

ECON Ratgeber

ETB 20090 **DM 7,80**
Originalausgabe,
128 Seiten,
ca. 100 Zeichnungen

Martin Weghorn

1000 Fragen zur Geographie

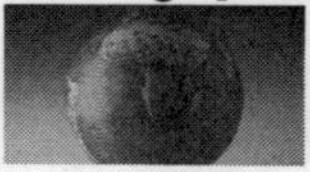

Ein Quizbuch für Wissen und Unterhaltung

ECON Ratgeber

ETB 20111 **DM 7,80**
Originalausgabe,
ca. 128 Seiten,
ca. 10 Zeichnungen

Martin Weghorn

1000 Fragen zur Geschichte

Ein Quizbuch für Wissen und Unterhaltung

ECON Ratgeber

ETB 20138 **DM 7,80**
Originalausgabe,
ca. 128 Seiten

Reden, Briefe, deutsche Sprache

Edith Hallwass

Gutes Deutsch in allen Lebenslagen

ECON Ratgeber

ETB 20139 **DM 14,80**
530 Seiten

Heidemarie Müller

Die schönsten Poesiealbumverse

ECON Ratgeber

ETB 20092 **DM 6,80**
Originalausgabe,
111 Seiten

Frank Hercher

Ansprachen, Reden, Toasts

Für alle Gelegenheiten

ECON Ratgeber

ETB 20093 **DM 9,80**
224 Seiten

Franz Bludau

Liebesbriefe

Musterbriefe für Verliebte

ECON Ratgeber

ETB 20105 **DM 7,80**
Originalausgabe,
ca. 128 Seiten

Brigitte Otto

Vornamen

Herkunft und Bedeutung
Von Abigail bis Zygmunt

Originalausgabe

ECON Ratgeber

ETB 20113 **DM 7,80**
Originalausgabe,
ca. 160 Seiten

Lebenshilfe

Peter Lauster

Lassen Sie sich nichts gefallen

Die Kunst, sich durchzusetzen
Mut zum Ich

ECON

ETB 20081 **DM 12,80**
285 Seiten,
33 Zeichnungen

Anton und Marie-Luise Stangl

Lebenskraft

Selbstverwirklichung durch Eutonie und Zen

ECON Ratgeber

ETB 20094 **DM 12,80**
296 Seiten

Marie-Luise Stangl

Jede Minute sinnvoll leben

Vertrauen zu sich selbst gewinnen

ECON Ratgeber

ETB 20015 **DM 5,80**
123 Seiten

Marie-Luise Stangl

Die Welt der Chakren

Praktische Übungen zur Seins-Erfahrung

ECON Ratgeber

ETB 20022 **DM 5,80**
Originalausgabe,
107 Seiten,
49 Zeichnungen

Joseph Wolpe

Unsere sinnlosen Ängste

Wege zu ihrer Überwindung

ECON Ratgeber

ETB 20031 **DM 8,80**
204 Seiten

Bernhard Müller-Elmau
Kräfte aus der Stille
Die transzendentale Meditation

ECON Ratgeber

ETB 20021 **DM 7,80**
191 Seiten

Gerhard Leibold
Körpertherapie

Einklang von Körper, Geist und Psyche

ECON Ratgeber

ETB 20114 **DM 7,80**
Originalausgabe,
ca. 160 Seiten,
15 Zeichnungen

Marianne Schneider-Düker
Gruppenpsychotherapie
Methoden, Probleme, Erfolge

ECON Ratgeber

ETB 20055 **DM 7,80**
135 Seiten,
6 Abbildungen

Peter Lauster
Statussymbole

Wie jeder jeden beeindrucken will

ECON

ETB 20104 **DM 9,80**
204 Seiten,
25 Zeichnungen

Maximilian Alexander
Schein und Wirklichkeit der Sekten

ECON Ratgeber

ETB 20069 **DM 9,80**
Originalausgabe,
ca. 192 Seiten

Alfred Bierach
Schlank im Schlaf durch vertiefte Entspannung
Die SIS-Methode

ECON Ratgeber

ETB 20008 **DM 6,80**
144 Seiten,
1 Graphik

Waltraud Simon
Praxis der Eheinstitute

ECON Ratgeber

ETB 20062 **DM 8,80**
Originalausgabe,
139 Seiten

Mavis Klein
Ein Partner für mich
Wege zu Freundschaft und Liebe

ECON Ratgeber

ETB 20028 **DM 7,80**
156 Seiten,
21 Graphiken

Debora Phillips
Robert Judd
Das Ende einer Zweierbeziehung

Auf dem Weg zum neuen Ich

ECON Ratgeber

ETB 20066 **DM 8,80**
Deutsche Erstausgabe,
143 Seiten

Stephen M. Johnson
Nach der Trennung wieder glücklich

ECON Ratgeber

ETB 20041 **DM 9,80**
287 Seiten

Roland Kopping
Träume und ihre Deutung

ECON Ratgeber

ETB 20120 **DM 9,80**
Originalausgabe,
ca. 200 Seiten

Georg Götte
Ahnenforschung

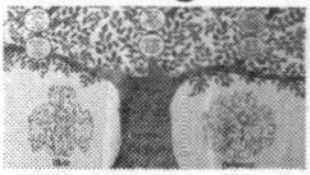

So erstellt man seinen Stammbaum

ECON Ratgeber

ETB 20119 **DM 8,80**
Originalausgabe,
ca. 144 Seiten,
10 Zeichnungen

Manfred Lucas
Hören, um gehört zu werden

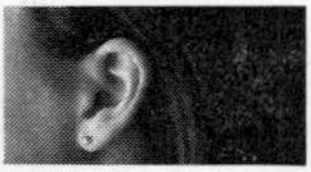

Die Kunst des richtigen Zuhörens

ECON Ratgeber

ETB 20146 **DM 8,80**
Originalausgabe,
ca. 128 Seiten

Bernd Kirchner
Die trügerische Sicherheit
Tips für den Umgang mit Versicherungen

ECON Ratgeber

ETB 20053 **DM 9,80**
205 Seiten

Kinder- und Schülerhilfen

W. Zeise/J. A. Stöhr
Kinder-Medizin, Pädagogik, Psychologie
Ein Lexikon

ECON Ratgeber

ETB 20043 **DM 16,80**
Aktualisierte Neuausgabe,
534 Seiten,
111 Zeichnungen

Emil und Octavia Wieczorek
So fördere ich mein Kind
100 psychopädagogisch erprobte Spiele

ECON Ratgeber

ETB 20054 **DM 8,80**
Originalausgabe,
182 Seiten

Hannes Lachenmair
Eltern-initiativen
Wir organisieren einen Kindergarten

ECON Ratgeber

ETB 20046 **DM 9,80**
Originalausgabe,
204 Seiten

Fitzhugh Dodson
Väter sind die besten Mütter

Kinder brauchen ihre Väter

ECON Ratgeber

ETB 20056 **DM 9,80**
280 Seiten

Günther Beyer
So lernen Schüler leichter
Gedächtnis- und Konzentrationstraining

ECON Ratgeber

ETB 20001 **DM 6,80**
128 Seiten,
92 Zeichnungen,
49 Übungen

Arnold Grömminger
Kinder wollen lesen
Über die sinnvolle Auswahl von Büchern

ECON Ratgeber

ETB 20033 **DM 7,80**
112 Seiten

Uwe-Jörg Jopt
Schlechte Schüler - faule Schüler?
Wie Eltern helfen können

ECON Ratgeber

ETB 20045 **DM 7,80**
143 Seiten

Rudolf Meinert
Mein Kind in der Pubertät

ECON Ratgeber

ETB 20047 **DM 7,80**
136 Seiten

Gisela Eberlein
Ängste gesunder Kinder
Praktische Hilfe bei Lernstörungen

ECON Ratgeber

ETB 20010 **DM 7,80**
158 Seiten

Joan Freeman
Erziehung und Intelligenz
Natürliche Anlagen erkennen und fördern

ECON Ratgeber

ETB 20044 **DM 9,80**
191 Seiten

Jerry Jacobs
Ich weiß keinen Ausweg mehr
Hilfe für selbstmordgefährdete Jugendliche

ECON Ratgeber

ETB 20040 **DM 9,80**
176 Seiten

Astrologie

Hanns-Manfred Heuer
Mein Kind ist Widder

Vom 21. März bis 20. April

ECON Ratgeber

ETB 20121 **DM 6,80**
112 Seiten,
10 Zeichnungen

Hanns-Manfred Heuer
Mein Kind ist Stier

Vom 21. April bis 20. Mai

ECON Ratgeber

TB 20122 **DM 6,80**
2 Seiten,
Zeichnungen

Hanns-Manfred Heuer
Mein Kind ist Zwilling

Vom 21. Mai bis 21. Juni

ECON Ratgeber

ETB 20123 **DM 6,80**
112 Seiten,
10 Zeichnungen

Hanns-Manfred Heuer
Mein Kind ist Krebs

Vom 22. Juni bis 22. Juli

ECON Ratgeber

ETB 20124 **DM 6,80**
112 Seiten,
10 Zeichnungen

Hanns-Manfred Heuer
Mein Kind ist Löwe

Vom 23. Juli bis 23. August

ECON Ratgeber

ETB 20125 **DM 6,80**
112 Seiten,
10 Zeichnungen

Hanns-Manfred Heuer

Mein Kind ist Jungfrau

Vom 24. August bis 23. September

ECON Ratgeber

ETB 20126 **DM 6,80**
112 Seiten,
10 Zeichnungen

Hanns-Manfred Heuer

Mein Kind ist Waage

Vom 24. September bis 23. Oktober

ECON Ratgeber

ETB 20127 **DM 6,80**
112 Seiten,
10 Zeichnungen

Hanns-Manfred Heuer

Mein Kind ist Skorpion

Vom 24. Oktober bis 22. November

ECON Ratgeber

ETB 20128 **DM 6,80**
112 Seiten,
10 Zeichnungen

Hanns-Manfred Heuer

Mein Kind ist Schütze

Vom 23. November bis 21. Dezember

ECON Ratgeber

ETB 20129 **DM 6,80**
112 Seiten,
10 Zeichnungen

Hanns-Manfred Heuer

Mein Kind ist Steinbock

Vom 22. Dezember bis 20. Januar

ECON Ratgeber

ETB 20130 **DM 6,80**
112 Seiten,
10 Zeichnungen

Hanns-Manfred Heuer

Mein Kind ist Wassermann

Vom 21. Januar bis 19. Februar

ECON Ratgeber

ETB 20131 **DM 6,80**
112 Seiten,
10 Zeichnungen

Hanns-Manfred Heuer

Mein Kind ist Fisch

Vom 20. Februar bis 20. März

ECON Ratgeber

ETB 20132 **DM 6,80**
112 Seiten,
10 Zeichnungen

Umwelt, Ökologie

Sabine Bahnemann

Alltagsökologie

Global denken – lokal handeln

ECON Ratgeber

ETB 20064 **DM 9,80**
Originalausgabe,
222 Seiten,
über 100 Zeichnungen

Robert Müller

Giftige Stoffe im Haushalt

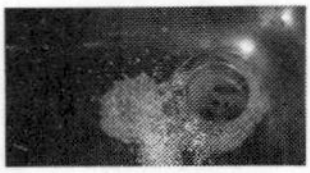

Verhaltensempfehlungen und Richtlinien

Originalausgabe

ECON Ratgeber

ETB 20095 **DM 8,80**
Originalausgabe,
160 Seiten,
ca. 10 Abbildungen

E. Dölle/W. Koch

Selbstversorgung – aber wie

Unabhängigkeit für Stadt- und Landbewohner

ECON Ratgeber

ETB 20051 **DM 9,80**
Originalausgabe,
191 Seiten,
68 Zeichnungen

Praxis

Edgar Forster

Sich selbständig machen – gewußt wie

ECON Praxis

ETB 21001 **DM 9,80**
Originalausgabe,
192 Seiten

Heiner Kurt Wülfrath

Sich erfolgreich bewerben und vorstellen

Ein praktischer Ratgeber für Stellensuchende

ECON Praxis

ETB 21004 **DM 5,80**
Originalausgabe,
90 Seiten

Manfred Lucas

Bewerbungsgespräche erfolgreich führen

ECON Praxis

ETB 21020 **DM 8,8**
Originalausgabe,
ca. 128 Seiten

Manfred Lucas
Arbeitszeugnisse richtig deuten

ECON Praxis

ETB 21016 **DM 8,80**
Originalausgabe,
ca. 128 Seiten

Manfred Bosse
Was tun bei Kündigung?

Rechte und Möglichkeiten des Arbeitnehmers

ECON Praxis

ETB 21014 **DM 9,80**
Originalausgabe,
298 Seiten

Axel Winterstein
Vorankommen durch Weiterbildung

ECON Praxis

ETB 21015 **DM 9,80**
Originalausgabe,
ca. 160 Seiten

Axel Winterstein
Abitur – was dann?

Berufschancen mit und ohne Studium

Mit Eignungstest

ECON Praxis

ETB 21018 **DM 9,80**
Originalausgabe,
ca. 176 Seiten

C.V. Rock
Berufsalternativen für arbeitslose Lehrerinnen und Lehrer

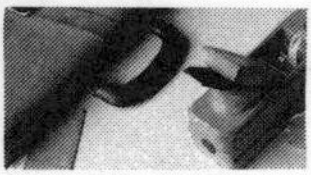

Möglichkeiten in selbständigen und nichtselbständigen Bereichen

ECON Praxis

ETB 21006 **DM 9,80**
Originalausgabe,
191 Seiten

Renate Gorges
Job-Sharing

Möglichkeiten für Arbeitsteilung und Arbeitszeitorganisation

ECON Praxis

ETB 21002 **DM 9,80**
Originalausgabe,
170 Seiten

Harry Holzheu
Gesprächspartner bewußt für sich gewinnen

Psychologie und Technik des partnerorientierten Verhaltens

ECON Praxis

ETB 21003 **DM 8,80**
Originalausgabe,
192 Seiten

Anton Stangl
Das Buch der Verhandlungskunst

Psychologisch richtig verkaufen

ECON Praxis

ETB 21008 **DM 12,80**
376 Seiten

Gerd Ammelburg
Die Rednerschule

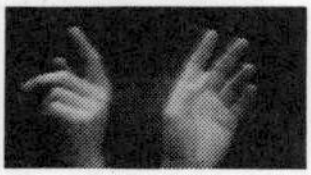

Reden, verhandeln, überzeugen

ECON Praxis

ETB 21010 **DM 12,80**
192 Seiten,
11 Fotos,
25 Zeichnungen

Wolfgang Zielke
Informiert sein ist alles

Die Papierflut sinnvoll nutzen

ECON Praxis

ETB 21007 **DM 8,80**
185 Seiten

Ullrich Sievert
Mehr Zeit für das Wichtige

Prinzipien, Methoden, Techniken

ECON Praxis

ETB 21013 **DM 9,80**
154 Seiten

Rolf W. Schirm
Kürzer, knapper, präziser

Erfolgreiche Kommunikation im Büro

ECON Praxis

ETB 21023 **DM 8,80**
112 Seiten

Jürgen Bleis
Hellmut W. Hofmann
Schach und Management

Wie man zum Zuge kommt

ECON Praxis

ETB 21009 **DM 14,80**
248 Seiten,
37 Diagramme

Antony Jay
Management und Machiavelli

Von der Kunst, oben zu bleiben

ECON Praxis

ETB 21017 **DM 9,80**
264 Seiten

Anton Stangl
Verkaufen muß man können

Eine praktische Verkaufs- und Verhandlungsstrategie

ECON Praxis

ETB 21012 **DM 8,80**
127 Seiten

Klaus Oberbeil
Verkaufen mit Video

Möglichkeiten, Erfahrungen, Zukunftschancen

ECON Praxis

ETB 21005 **DM 12,80**
Originalausgabe,
171 Seiten

ETB 21011 **DM 12,80**
Originalausgabe,
205 Seiten

ETB 21021 **DM 8,80**
Originalausgabe,
ca. 128 Seiten

ETB 21022 **DM 8,80**
Originalausgabe,
ca. 128 Seiten

Bestellschein ETB

Ich bestelle hiermit aus dem ECON Taschenbuch Verlag, Postfach 9229, 4000 Düsseldorf 1, durch die Buchhandlung:

Buchhandlung:

Ex.	Ex.
Ex.	Ex.
Ex.	Ex.
Ex.	Ex.
Ex.	Ex.

Name:

Straße: Ort:

Datum: Unterschrift:

Pr[illegible]änderungen und Irrtum vorbehalten. Stand 1. 8. 1985